出題傾向と模範解答でよくわかる!

公務員
試験のための
論作文術

【改訂版】

つちや書店

まえがき

この本は、これから公務員試験を受けるみなさんが、小論文試験対策を効率よくマスターすることを目指してつくられたものです。小論文試験は受験者の教養や内面的資質などを問うもので、一朝一夕で習得することは難しいとされています。それを「これ1冊」で完結できるよう、本書には次のような工夫が凝らされています。

まず第一に、過去の小論文試験で出題された問題を徹底的に分析し、よく出るテーマを絞り込みました。それを第5章と第6章で扱い、模範解答を提示しています。これらのテーマは頻出ですから、試験本番でも出題される可能性があります。第5章と第6章を予想問題と考え、与えられたテーマについてどんな内容をどのように展開すればよいのか、頭に入れておきましょう。

次に、本書はみなさんに少しずつ着実に小論文試験対策をマスターしていただけるような構成になっています。第1章と第2章では、公務員の小論文試験がどのようなものであるかを示し、第3章と第4章では、小論文を実際に書くための下準備を展開しています。そのうえで、第5章と第6章では、実際の過去問から厳選した26題を例題として、解答例を導き出しています。スモール・ステップで一つひとつ階段を上がっていく章立てになっていますから、ぜひとも最後の第6章まで到達していただきたいと思います。

本書のもう一つの特徴として、第5章では「良い例」と「悪い例」の二つを並べ、「悪い例」のどこが悪いのか、それを改善するとどうなるのかをわかりやすく示しています。これにより、小論文試験において避けたほうがよいこと、評価の対象となることの基準がはっきりしてきます。本書を1冊読破すれば、試験本番で高得点をねらう自信がつくことを確信しています。

みなさんのご健闘をお祈りしています。

つちや書店編集部

出題傾向と模範解答でよくわかる！

公務員試験のための論作文術　改訂版

CONTENTS

第1章　公務員試験の概要

第2章　過去問分析

第3章　できる小論文とは？

CONTENTS

CONTENTS

第6章 実践問題

CONTENTS

第1章

公務員試験の概要

- 公務員とは
- 国家公務員の職種
- 地方公務員（初級）の職種
- 第一次試験
- 第二次試験
- 試験の日程

本章では、公務員試験の全体像を明らかにし、その中で小論文試験がどのように位置づけられているのかを示します。

第1章　公務員試験の概要

1．公務員とは

公務員については、日本国憲法第3章「国民の権利及び義務」の第15条2項で、次のように定義づけられています。

すべて公務員は、全体の奉仕者であつて、一部の奉仕者ではない。

このように、公務員は、公共の利益のために勤めることを求められており、その任免については民主的に行われることが、法律で定められています。

●国家公務員と地方公務員

公務員には国家公務員と地方公務員とがあります。前者は国の機関で働く職員を、後者は都道府県や市町村等、地方自治体の機関で働く職員を指します。

さらに、公務員は、特別職と一般職とに分けられます。国家公務員では、国会議員、裁判所職員、衆議院事務局職員、参議院事務局職員等が特別職にあたり、地方公務員では、知事や市町村長、副知事や副市町村長、人事委員会の常勤委員等が特別職にあたります。特別職以外の職員はすべて一般職とされ、一般職を対象とした国家公務員制度は、国家公務員法によって定められています。

●募集種目

公務員の募集種目には、次のようなものがあります。

国家公務員	地方公務員
国家公務員	**都道府県職員**
厚生労働事務官	行政事務
皇宮護衛官	学校事務
刑務官	警察事務
入国警備官	資格職
外務省専門職員	技術系
税務職員	警察官
海上保安大学校	**市町村職員**
（海上保安官、運用管制官など）	行政事務
気象大学校	学校事務
（気象庁や気象台などの勤務）	資格職
など	技術系
	消防官

本書では、高校卒業程度の学力を有する者を対象に募集が行われている、「国家公務員」と「地方公務員（初級）」について、詳しく解説していきます。

2. 国家公務員の職種

国家公務員の採用試験は、大学（大学院）卒業程度、高校卒業程度、経験者の三つの区分があり、試験内容が違っています。

国家公務員（高卒程度）の試験には「事務」「税務」「技術系」がありますが、小論文（作文）の試験が課されるのは、事務と税務のみです。

事務と税務は、次のような職種のことをいいます。

- 事務………各省庁やその出先機関で、一般の事務または専門的な業務に従事する職種（職場の例…地方検察庁、社会保険事務所、国立大学、ハローワーク等）。
- 税務………合格後、税務大学校に入校し、一年間の研修を経て、税務署等で国税の調査や徴収の事務に従事する職種。

3. 地方公務員（初級）の職種

地方公務員（初級）は、採用する自治体の単位によって、都道府県職員、政令指定都市職員、市町村職員に分かれます。各自治体によって、業務内容や職場となる機関が異なることもありますが、おおよそ次のように考えておくとよいでしょう。

・行政事務…地方の行政機関において、一般の事務または技術的な業務に従事する職種（都道府県庁、市役所、町村役場およびその出張所等）。
・学校事務…公立の学校の事務業務に従事する職種。
・警察事務…警察署において警察事務に従事する職種（都道府県職員のみ）。

4. 第一次試験

教養試験、適性試験、作文試験等が課されることが多いようです。

教養試験	一般知識（国語・数学・社会・理科等） 一般知能（文章理解・課題処理・数的処理・資料解釈等）
適性試験	速く正確に事務処理を行う能力をみる試験 置換・照合・計算・分類等の簡単な問題を時間内にどれだけ多く解答できるかを問う試験
作文試験	課題に対する理解力、文章による表現力をみる試験

5．第二次試験

人物試験、適性検査、身体検査等が行われます。

人物試験	人柄、対人的能力をみるための個人面接もしくは集団面接
適性検査	職務遂行に必要な素質および適性についての検査
身体検査	健康状態に関する医学的な検査

なお、地方公務員の試験においては、一次試験では作文（論文）試験を課さずに、二次試験で課すところもあります。また、技術系の採用試験においては、作文（論文）試験はなく、受験する分野の専門知識を問う試験が課されることが多いようです。

6．試験の日程

国家公務員の受験案内等は、毎年5月の上旬から中旬にかけて配布されます。人事院のホームページ（https://www.jinji.go.jp/）、または人事院による国家公務員試験採用情報ＮＡＶＩ（https://www.jinji.go.jp/saiyo/saiyo.html）上で、受付期間、試験日、合格発表日等が確認できます。受験案内の請求方法についても説明がありますので、目を通しておくとよいでしょう。

地方公務員（初級）については、実施する自治体によって異なるので、個々に確認が必要ですが、全体的な流れをまとめると次のようになります。

①　願書等配布日　４月下旬～７月中旬
②　申込の受付　７月初旬～９月上旬
③　第一次試験　９月中旬
④　第二次試験　10月中旬～11月中旬
⑤　合格者の発表　11月上旬～11月下旬

申込の際に必要となるものは、履歴書、写真等です。自治体によっては、独自の申込書や履歴書を作成し、それに記入させるところもあるので、事前に何が必要かしっかり把握しておくことが大切です。不備のないように書類をそろえて申込をして、試験に臨みましょう。

また最近は、おおかたの自治体でインターネットでの申込を受け付けています。インターネットの環境が整っている人はぜひ利用しましょう。

第2章

過去問分析

- 小論文試験の出題内容
- 小論文試験の傾向と対策

本章では、これまで実際に出題された問題を分析し、
小論文試験の傾向と対策を探っていきます。

第2章　過去問分析

1．小論文試験の出題内容

公務員試験（初級）において、第一次もしくは第二次試験で小論文試験が課されることがありますが、どういった問題が出題されているのでしょうか。

まず、小論文試験の時間と字数、配点の目安は次のとおりです。

・試験時間　　60分程度
・字数　　六〇〇～八〇〇字
・配点　　　総得点の10～20％

※ほかの科目の成績と統合して評価する場合もあります。

次に、小論文でどのようなテーマが出題されるかですが、地方公務員については各自治体によって異なります。したがって、試験の対策を講じるにあたっては、各自治体で過去にどんなテーマで出題されたのかを分析し、その傾向を把握することが重要となってきます。本章では、小論文試験の過去問をひもとき、その傾向と対策を論じていきます。

公務員試験（初級）における出題の傾向を見てみると、受験者の個人的な経験や考えを問うパターンと、理想とする公務員像や街づくりについてなど、受験する自治体についての知識や考えを問うパターンが多く見受けられます。

個人的な経験や考えを問うパターンの例としては、

・あなたがこれまで最も努力してきたこと（秋田県）
・これまでの学校生活の中で最も感動したこと（兵庫県）
・過去の自分に言いたいこと（岡山県）
・自分が成長したと思えること（愛媛県ほか）

といったものが過去に出題されています。

次に、理想とする公務員像や社会人像、受験する自治体についての知識や考えを問うパターンの例としては、

・あなたの思う公務員像（横浜市）
・県職員として、福岡県をこんな県にしてみたい（福岡県）
・公務員として、あなたがチャレンジしたいこと（新潟県）

・住みよい街づくりのためにあなたがやってみたいと思うこと（愛媛県）

といったものが過去に出題されています。特に、地方公務員試験においては、受験する自治体の特徴や抱えている問題などについての知識が問われます。受験する自治体の出題傾向パターンをあらかじめ把握しておく必要があるでしょう。

そして、出題頻度は高くないものの、時事的な事柄について問うものもあります。このテーマは小論文に限らず、面接や教養試験等さまざまな試験で広く採用されているので、対策をして臨みましょう。

2．小論文試験の傾向と対策

整理すると、小論文試験のテーマは、大きく次の三つに分類されることになります。

【分類1】　個人的な事柄に関する出題
【分類2】　時事的な事柄に関する出題
【分類3】　地方行政や公務員の姿勢に関する出題

次に、どのような問題が実際に出題されているのか、具体的に見ていきましょう。

【分類1】個人的な事柄に関する出題

過去に出題されたテーマの例

・私の夢（香川県）
・私の挑戦（長崎県）
・私の個性（広島県）
・私が心掛けていること（鹿児島県ほか）
・あなたが友人から学んだことについて（和歌山県ほか）
・コミュニケーションの大切さについて、あなたの経験を通じて得たこと（山形県ほか）
・私が一番大切にしたいこと（岡山県）
・失敗から学んだこと（島根県）
・私が学校生活で得たもの（香川県ほか）
・公共のマナーやルールについて思うこと（静岡県）
・私が考える社会貢献（鹿児島県ほか）
・ボランティア活動について（国家Ⅲ種）
・十年後の自分（広島県ほか）
・チームワークの大切さについて（さいたま市ほか）

傾向

出題されたテーマの例を見てもわかるように、「私の……」「自分の……」「あなたの……」といったように、個々人の考えや生き方といったものが問われています。受験者の特性を知ろうという意図で出題されていることは明らかです。

対策

こうしたパターンの小論文の対策としては、まず自己分析をすることです。特別な対策をする必要はありませんが、自分のこれまでの人生や内面について深く掘り下げておけば、試験の際にあわてることなく取り組むことができるでしょう。

たとえば、

- 自分の長所
- 自分の性格
- 最も感動したこと
- 自分の短所
- 自分が信条としていること
- これまでの人生でがんばってきたこと

といったことについて、すぐに答えることができますか。試験時間の開始とともにこういったことを考えていたのでは、時間が足りません。二次試験では面接試験もありますから、試験に臨む前に自己分析をしっかりとしておきましょう。

【分類２】時事的な事柄に関する出題

過去に出題されたテーマの例

- あなたが最近関心を持った社会問題について（静岡県ほか）
- 最近の世の中の出来事で、「おかしいな」と思うことを述べよ（鳥取県）
- 最近印象に残った出来事（三重県）
- 環境を考えたこれからの生活と社会（国家Ⅲ種）
- 「もったいない」と資源有効利用（沖縄県）
- あなたの職業観を踏まえ、フリーターについて考えを述べよ（大分県）
- 東日本大震災の経験から、あなたはどのようなことを学んだか（習志野市ほか）
- 迷惑行為の具体例を挙げ、その行為が減るためにはどのようにしたらよいか（千葉市）
- 現代の日本人には（　）が不足している。あなたが現代の日本人に不足していると思うものを一つ挙げ、考えを述べよ（埼玉県）
- さまざまな格差の拡大が地域社会に及ぼす影響を挙げ、それに対して県としてどう対応すべきかを述べよ（愛知県）

傾向

近年、頻出となっている時事的なテーマは、次のとおりです。

- 地球環境問題について
- 働き方の変化について
- デジタル社会について
- モラルとパワハラ防止について

小論文試験において、一部の限られた人間しか知らないようなことについて問われることはまずありません。テーマとして挙げられている事柄は、社会人になるうえで必要な知識ともいえるでしょう。

対策

こうした時事的なテーマについて論じられるようになるには、日ごろから新聞やインターネットなどで新しい情報に注意しておくことが大切です。公務員として働くうえで求められるのは一般常識です。また、「少子化」や「環境問題」は、自治体が抱える問題の一部でもあり、**【分類3】**のテーマに結びつけて論じることが可能です。常に世の中の動きに目を配っておきましょう。

【分類3】 地方行政や公務員の姿勢に関する出題

過去に出題されたテーマの例

・私が目指す公務員像（茨城県）
・あなたが「ぐんま大使」に任命されたら、何をしたいか、あなたの考えを述べよ（群馬県）
・あなたが職員に採用されたらどんなことに取り組みたいと思うか（岐阜県ほか）
・全国に鳥取県の魅力をＰＲするためのキャッチコピーを考えてください。また、その理由も述べてください（鳥取県）
・これからの公務員に求められるものは何か、あなたの考えを述べなさい（奈良県）
・今までの自分がしてきた努力。それを県職員になるにあたってどう活かしていくか（徳島県）
・私が描く理想のまち（栃木県）
・「住みやすいまちづくりのために必要なこと」。県民が等しく快適に生活していくためにはどのような「まちづくり」が必要であると考えるか（石川県ほか）

傾向

公務員試験（初級）の小論文試験において、個人的な事柄と並んで出題される確率が高いのが、この「理想の公務員像」や「公務員となって実現したい事柄」について論じるパターンです。特に、地方公務員の採用試験の場合、各自治体の現状をどれほど把握できているか、またそれに対して独自の意見を持ち合わせているかどうかが問われます。

対策

このパターンの問題で必要となってくるのが、国や地方の行政にまつわる知識です。たとえば「○○県の公務員として挑戦していきたいこと」について書くとき、県政についての知識の有無によって、小論文の説得力が違ってきます。この説得力の違いは、そのまま小論文試験の得点の違いとなります。各都道府県や市町村が発行している統計データ（冊子版あり）を図書館や自治体のホームページで閲覧するなどして、受験する自治体の特色をつかんでおきましょう。小論文試験の地方行政や公務員の姿勢に関する出題に必要となる知識については、第3章STEP3でも述べられていますので、参照してください。

また、地方公務員の採用試験では、自治体の今後のあり方について問われることもあるので、公務員として働くうえで、地方自治制度のあり方について自分がどう考えているのかを、一度整理しておく必要があるでしょう。

以上、過去に出題されたテーマを三つに分類して見てきました。ここで、受験を前にしたみなさんが、小論文対策としてこれから取り組むべきことをまとめておきましょう。

【分類１】　個人的な事柄に関する出題
　↓　まずは自己分析を！
【分類２】　時事的な事柄に関する出題
　↓　新聞やインターネットなどでニュースに目を配り、情報を得ること！
【分類３】　地方行政や公務員の姿勢に関する出題
　↓　公務員として必要な国や地方の行政についての知識を身につけること！

小論文試験は一夜漬けでどうにかなるものではありません。日々の積み重ねがものをいいます。試験に向けて、日ごろからしっかり取り組んでいきましょう。

第3章

できる小論文とは？

- 「小論文」の定義
- 小論文試験で試される能力
- 小論文試験のチェック項目
- STEP1 文章を書く能力を身につける
- STEP2 個性・パーソナリティをアピールする
- STEP3 知識に裏づけられた文章を書く

本章では小論文試験において受験者の何が評価されるのかを説明し、「できる小論文」を明らかにします。

第3章　できる小論文とは？

●「小論文」の定義

小論文は「小さな論文」と書きますが、まさにそのとおりで、何かを論じてこそ「小論文」といえます。つまり、意見や感想を脈絡なくただ書いたとしても、小論文※とはいえません。したがって、そのような文章では小論文試験において合格点を取ることもできないのです。

小論文 = 小さな、理論立てて書かれた文章

※自治体によっては、小論文ではなく作文を課すところもあります。作文は理論立てた文章ではなく、受験者の経験に基づく意見や感想文に近いものといえます。

では、合格点の取れる小論文とはいったいどのようなものなのでしょうか。

本章では、小論文試験で受験者が何を試されているのかを確認するとともに、合格に近

づくための小論文のポイントや書き方のルールなど、「できる小論文」とは何かを解説します。

ではさっそく、「できる小論文」のポイントを一つずつ分析していきましょう。

●小論文試験で試される能力

そもそも小論文試験は何のために課されるのでしょうか。

各自治体によって多少の違いはありますが、小論文試験で試される内容は、次のとおりです。

小論文試験　＝　公務員として必要な文章による表現力、判断力、思考力等についての筆記試験

この「公務員として必要な文章による表現力、判断力、思考力等」とは、文章によって自分の考えを表現できるか、さまざまな事象に対して適切な判断を下すことができるか、さまざまな物事について自分の考えを持っているかといったことです。

要するに、**①文章を書く能力**、**②個性・パーソナリティ**、**③知識**が問われているといえます。この三つをうまくアピールしてこそ合格点の取れる小論文を書くことができるのです。

では、それらが小論文試験においてどのように評価されているのか、具体的に見ていきましょう。

① 文章を書く能力 → 形式面 でチェック！
② 個性・パーソナリティ
③ 知識 → 内容面 でチェック！

● 小論文試験のチェック項目

形式面

□ 原稿用紙を正しく使って書けているか？ → STEP1
□ 誤字・脱字のない正しい文章が書けているか？ → STEP1
□ 読みやすい字で丁寧に書けているか？ → STEP1
□ 文章語（書き言葉）で書けているか？ → STEP1
□ 正しい文法で書けているか？ → STEP1
□ 文章は読みやすく書けているか？ → STEP1
□ 文章の組み立てを考えて書けているか？ → STEP1

内容面

- □前向きな印象を与えるものになっているか？ → STEP2
- □公務員にふさわしい内面的資質が備わっているか？ → STEP2
- □自分の考えを明らかにして、独創的に論じているか？ → STEP2
- □職務に就くうえで必要な知識を有しているか？ → STEP3
- □出題の意図を正しく理解しているか？
- □文章の流れは一貫したものになっているか？
- □具体的な例を挙げるなどして、客観的に書けているか？
- □問題点を明らかにして論じているか？
- □問題に対する具体的な解決策を提示できているか？

（以上5項目）→ 第4章

本章では、右に挙げたチェック項目を一つひとつクリアして、「できる小論文」を書き上げるために必要な技術と知識を探っていきます。

形式面にかかわる「①文章を書く能力」については本章STEP1で、内容面にかかわる「②個性・パーソナリティ」についてはSTEP2で、「③知識」についてはSTEP3と第4章で詳しく説明していきます。

STEP 1

文章を書く能力を身につける

1 原稿用紙に正しく書く

原稿用紙に正しく書けていなければ、減点の対象になります。正しい原稿用紙の使い方を復習しておきましょう。ただし、答案用紙の様式は、罫線が引かれただけのものや何もない白紙などさまざまです。

本書では、原稿用紙を基準にして説明していきますが、基本的に書き方のルールは変わりません。

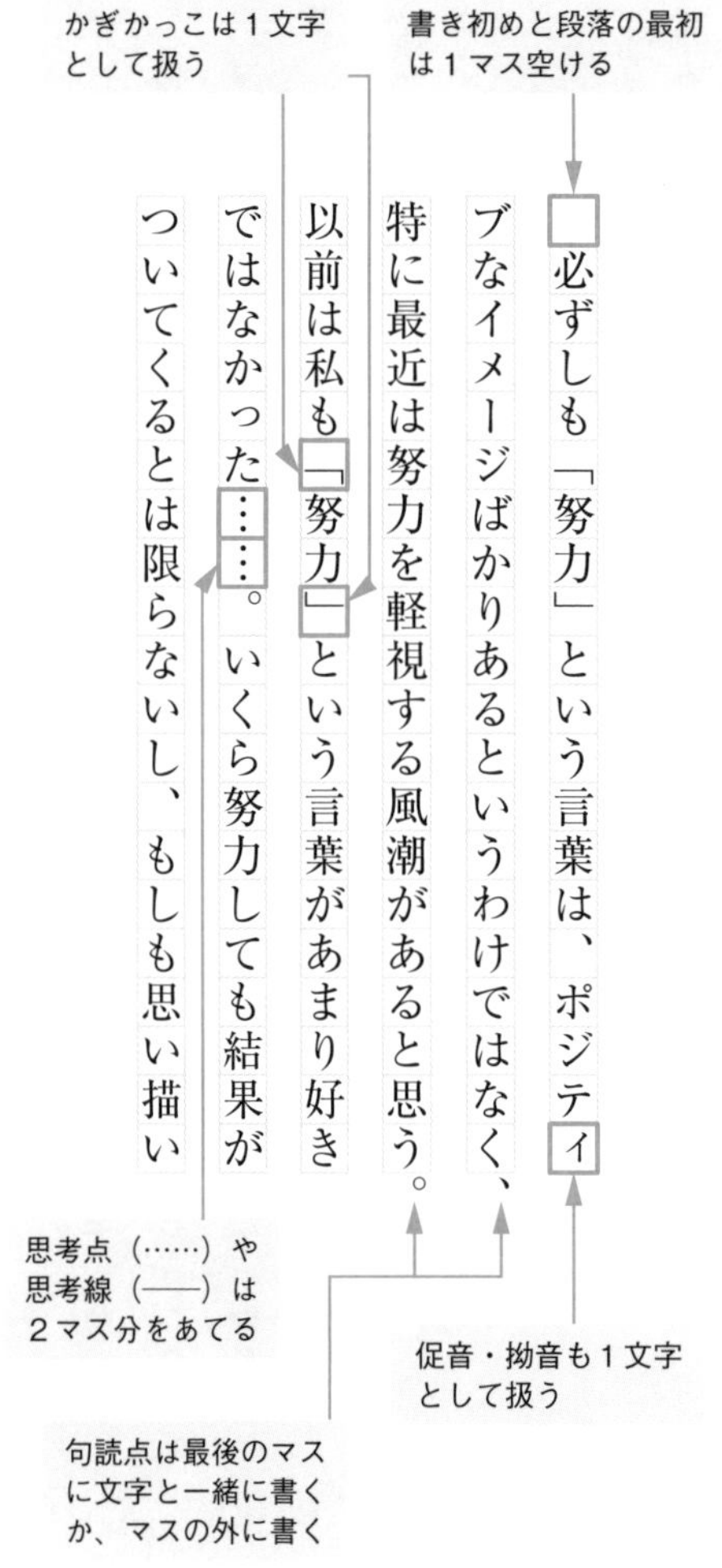

書き初めと段落の最初は１マス空ける
かぎかっこは１文字として扱う
　必ずしも「努力」という言葉は、ポジティ
ブなイメージばかりあるというわけではなく、
特に最近は努力を軽視する風潮があると思う。
以前は私も「努力」という言葉があまり好き
ではなかった……。いくら努力しても結果が
ついてくるとは限らないし、もしも思い描い
思考点（……）や思考線（――）は２マス分をあてる
促音・拗音も１文字として扱う
句読点は最後のマスに文字と一緒に書くか、マスの外に書く

2 正しい文章を書く

小論文試験において、誤字や脱字がある答案は論外です。必ず見直しをして、誤りがないようにしましょう。

また、読みにくい字やつづけ字、略字なども避けましょう。文章は、楷書で書くようにします。

〈誤字〉 × 保健を適用すべきだ。 ○ 保険を適用すべきだ。
〈脱字〉 × 自分なり考えている。 ○ 自分なりに考えている。
〈略字〉 × 人向性が問われる。 ○ 人間性が問われる。
　　　 × 才一に思っている。 ○ 第一に思っている。
〈楷書〉 × 行政の責任となる。 ○ 行政の責任となる。

3 文章語（書き言葉）で書く

小論文を書くにあたっては、流行語や略語、口語（話し言葉）を避けて、文章語（書き言葉）を用いるようにしましょう。普段の会話で使っているような口語表現は、採点者に軽薄な印象を与えてしまう可能性があります。

〈流行語〉 × 超真剣に取り組んだ。 ○ とても真剣に取り組んだ。

〈略語〉 × TVには弊害がある。 ○ テレビには弊害がある。

× スマホは必要ない。 ○ スマートフォンは必要ない。

〈口語〉 × 大変だなぁと思う。 ○ 大変であると思う。

× 決まりだから、守るべきだ。 ○ 決まりなので、守るべきだ。

このほか、小論文試験で気をつけたいのが文体です。

小論文はあくまでも論文であり、何かを論じるという文章においては「です・ます」調（敬体）よりも、「だ・である」調（常体）のほうがふさわしいといえるでしょう。

また、明らかに背伸びしたような理屈っぽい文体、エッセイ風の文体も避けましょう。

小論文試験では、論旨が分かりやすい文章であると採点者に良い印象を与え高得点が期待できます。

- 文体は「だ・である」調で書く。
- 理論立てて素直に書くことを心がける。

4 文法的に正しく書く

小論文試験では、文法の誤りも減点の対象となります。文法上で間違いやすい例には次のようなものがあります。

〈助詞（て・に・を・は）の誤り〉 × 私が誠実でありたい。 ○ は
〈動詞の不対応〉 × 私はその論を賛成する。 ○ 支持する
〈副詞の不対応〉 × あえて深刻だ。 ○ きわめて
〈主語・述語の不対応〉 × 法律の改善が必要とする。 ○ される

また、「私が最近興味を持っているのは、スローライフという考えに興味を持っています。」といった、主語・述語が対応しない文章では、いったい何について論じているのかがわかりにくいため、主語を明らかにすることも大切です。

呼応の副詞

ある語句が前にあると、それに対して、あとに決まった語句がくることがあります。これを「呼応の副詞」といいます。呼応の副詞は、文末表現に気をつけるようにしましょう。

打消	決して～ない。	仮定	もし～ならば
推量	たぶん～だろう。	願望	どうぞ～ください。
打消の推量	よもや～まい。	比況《ひきょう》	まるで～ようだ。
疑問	なぜ～か。	断定	きっと～だ。

5 文章は読みやすく書く

わかりやすい文章の基本は「5W1H」がはっきりしていることです。つまり、「いつ」「どこで」「だれが」「何を」「なぜ」「どのように」したのかを、明らかにすることが大切です。

When	いつ
Where	どこで
Who	だれが
What	何を
Why	なぜ
How	どのように

さて、みなさんは次の文章を読んで、どのような印象を受けるでしょうか。

私の夢。それは誰もが住みよい社会をつくること。住民の皆さんの笑顔、それは何よりの宝物。だからこそ、努力するのだ。その夢の実現のために。

個性的な文章ではありますが、体言止めが多すぎますし、倒置法なども用いられており、読みやすい文章とはいえません。読みやすい文章を書くためには、文学的なテクニックを多用するのは避けたほうが無難でしょう。

- 体言止めを多用しない。
- 倒置法を用いない。
- 比喩表現を多用しない。
- 長すぎる修飾語を用いない。
- 一文を長くしすぎず、簡潔にまとめる。

6 文章の組み立てを考えて書く

よほど理路整然とした思考の人でない限り、思いついたままを原稿用紙に書き始めたのでは、論旨があちらこちらへ飛躍したり、規定の文字数に収まらなかったりして、合格の基準に達する小論文にはなりません。

小論文では、あらかじめ文章の組み立てを考えて書く必要があります。文章構成にはさまざまなパターンがありますが、

① 「起→承→転→結」の四部構成
② 「序論→本論→結論」の三部構成

のどちらかにするのが、八〇〇字程度の小論文としては効果的でしょう。

① 「起→承→転→結」の四部構成のパターン

起	問題提起	全体の10％
承	意見の提示	全体の30～40％
転	展開	全体の30～40％
結	結論	全体の10～30％

文章構成の「型」としてよく挙げられるのが、「起・承・転・結」の四部構成のパターンです。問題提起に始まり、第二段落で自分の意見を提示し、第三段落で話を展開して、最後の段落で結論を述べるという構成です。ただし、時間と字数に限りのある小論文試験では、話を展開して結論まで導くのは少し難しい場合もあります。

②「序論→本論→結論」の三部構成のパターン

序論	問題提起	全体の10～20％
本論	意見の提示	全体の40～70％
結論	結論	全体の20～40％

問題提起に始まり、意見を提示して結論に導く、というのがこのパターンです。小論文試験においては、最もオーソドックスな型といえるでしょう。

このほか、結論から先に書き出すパターンなどもありますが、自分の考えを効果的にアピールするにはどのパターンが適しているか、個々のケースによって考える必要があります。小論文では、文章の構成が全体の印象を決めます。構成をしっかりと考えてから、文章を書くようにしましょう。

STEP 2

個性・パーソナリティをアピールする

小論文試験では、

① 文章を書く能力
② 個性・パーソナリティ
③ 知識

が問われていることは、前にも述べました（33ページ）。

では、その「個性・パーソナリティ」を小論文試験においてどのようにアピールしていけばよいのでしょうか。また、小論文試験で問われている「個性・パーソナリティ」とはいったいどのようなものなのでしょうか。

1 問われているのは内面的資質

個性やパーソナリティとは、個々人の人柄や価値観といったもののことです。「文は人なり」という言葉があるように、文章を見ればその人の人間性がわかるといいます。小論文を通して、受験者は公務員に適した内面的資質を持っているかどうかを見られているのです。

個人の特性には良い点も悪い点もあるのが当然ですが、小論文は採用試験です。小論文では自分の良い点を採点者にアピールする必要があります。しかも、それを公務員として必要とされる内面的資質にからめることが、重要なポイントになってきます。
したがって、まずは公務員として必要とされている内面的資質とはどのようなものかを探っていきましょう。

前にも述べたように、小論文試験の内容は次のとおりです。

小論文試験 ＝
公務員として必要な文章による表現力、判断力、思考力等についての筆記試験
・さまざまな事象に対して適切な判断を下すことができるか？
・さまざまな物事についてしっかりとした考えを持っているか？

小論文試験で、自らに「判断力」や「思考力」があることをアピールしたいところです。また、さまざまな物事に対するしっかりとした考えを持つには、「知識」が土台として必要になります。知識のアピールの仕方についてはSTEP3で述べていきます。

公務員としての資質

公務員は公共の利益に奉仕することが務めです。したがって、受験者には自己の利益よりも公共の利益を優先するパーソナリティが求められます。

日本国憲法第15条第2項では、公務員は次のように定められており、「全体の奉仕者」と表現されることもあります。

・すべて公務員は、全体の奉仕者であって、一部の奉仕者ではない。（第15条第2項）

また、国家公務員法によれば、公務員には次のような服務規律があります。

・国民全体の奉仕者として公共の利益のために勤務し、職務の遂行にあたって全力を挙げてこれに専念する義務（第96条）
・法令および上司の命令に従う義務（第98条）
・信用を失墜させるような行為の禁止（第99条）
・秘密を守る義務（第100条）

採点者にアピールしたい特性

これまでの点をふまえると、採点者にアピールしたい特性がおのずと明らかになってきます。

- 物事に対して適切な判断を下すことができる
- 公共の利益に奉仕する精神がある
- 職務を遂行するための責任感がある
- 命令に従う素直さ、従順さがある
- 秘密を守る厳格さがある
- 品位を保つ真面目さがある
- 信用を保つ誠実さがある

また、職場でほかの人たちと一緒に働くうえで、

・一般常識がある　・論理的である　・協調性がある　・洞察力がある
・前向きである　・理解力がある　・積極的である　・視野が広い

といった内面的資質も評価の対象となります。

特に、一般常識があることは公務員として働くうえで不可欠な資質です。公務員の職務で基本になるのは、常識ある考え方なのです。

ここまでで、採点者にアピールすべき特性が理解できてきたかと思いますが、逆に採点者にアピールするのは避けたい特性もあります。

採点者にアピールを避けたい特性

× 自己中心的である　× 消極的である
× 無責任である　× 非常識である

たとえば、「責任について述べよ」という課題に対して、あなたに無責任なところがあるとしても、「私は無責任な人間である。」などと正直に書く必要はありません。「私は責任感を持つことが重要であると考える。」というように、前向きな姿勢をアピールするほうがよいでしょう。

もちろん、わざわざ自分の欠点を強調して書く人はいないでしょうが、人間性というものは言葉選びや行間からもにじみ出てしまうので、注意する必要があります。

[2] 独創性のある文章を書く

内容面にかかわるチェック項目（35ページ）の一つに、

自分の考えを明らかにして、独創的に論じているか？

というものがあります。小論文試験においては、自分の考えを自分の言葉で独創的に論じることができているかどうかが問われます。

たとえば、以下のような文章からは、受験者の個性やパーソナリティはおろか、独創性は感じられません。

× 問題意識に欠ける安易な考えを述べている。
× 世間でよくいわれているような一般論をおおげさに述べている。
× 抽象的な表現ばかりで具体的な解決策を述べていない。
× 他人の考えの請け売りにとどまり、自分の立場がはっきりしない。

小論文試験では「その人らしさ」が必要ですから、個性のない平凡な文章や他人の考え、請け売りでは好印象を与えることはできません。自分らしさの表現を心がけましょう。

STEP 3

知識に裏づけられた文章を書く

説得力のある文章を書くには、ある一定の知識が必要です。

次の例を見てみましょう。

A「国民年金の支給だけでは、高齢者の暮らしは厳しいといえる」

↔

B「国民年金が月額最高六万六二五〇円しか支給されない現状においては、高齢者の暮らしは厳しいといえる」

AとBの文章で、どちらがより説得力のある文章かといえば、「六万六二五〇円」という具体的な数字を挙げているBの文章であることは明らかです。

説得力のある文章を書くには、理由や根拠を具体的に示すことが重要であり、そのためには背景知識が必要になるのです。

文章を書く能力 ＋ 知識 → より説得力のある文章

小論文試験に必要な背景知識

小論文試験の出題テーマを分類していくと、次の三つに分かれることは第2章で述べました。このうち、【分類2】と【分類3】において背景知識が必要となります。

【分類1】個人的な事柄に関する出題 → 自己分析が必要
【分類2】時事的な事柄に関する出題
【分類3】地方行政や公務員の姿勢に関する出題
（【分類2】【分類3】）→ 背景知識が必要

それぞれの分類について、小論文試験に必要な背景知識を確認していきましょう。

1 時事的な事柄についての背景知識

先に述べたとおり、公務員試験（初級）の小論文採用試験においては、時事的なテーマが出題されることもあります。以下のようなテーマが、過去に出題されています。

- 地球環境問題について
- 働き方の変化について
- デジタル社会について
- モラルとパワハラ防止について

これらは、現代日本で社会人として働くために、常識として知っておいたほうがよいことばかりです。つまり、公務員試験の小論文では、そういった常識的な事柄について問われる場合が多いということになります。これらのテーマについて、まずは現状を把握し、自分なりの考えをまとめておくようにしましょう。

○地球環境問題

温暖化問題が深刻になり、世界規模での対策が求められています。公務員の職場においても、夏場のクールビズなどの取り組みが定着してきています。

地球温暖化

地球温暖化は、大気や海洋の温度が年々上昇していくという現象です。生態系への影響や、海面上昇による被害が懸念されています。原因となる温室効果ガスの排出量を抑制することが急務となっています。

SDGs

Sustainable Development Goals の略称で、「持続可能な開発目標」と訳されます。2030 年までに貧困、不平等・格差、環境問題など、世界のさまざまな問題を根本的に解決し、世界に住む人全員でよりよい世界を作っていくために達成するべき 17 の目標と 169 の達成基準が掲げられています。2015 年の国連総会で採択されました。

循環型社会

廃棄物を減らし、製品などの循環によって地球環境への負荷を少なくすることを目指す社会のことをいいます。循環型社会では、リデュース（消費抑制・生産抑制）、リユース（再使用）、リサイクル（再利用）の「３Ｒ」が推奨されます。

プラスチックごみ問題

自然界で分解されにくいプラスチックが不法投棄などにより自然界に流出し、海洋汚染を引き起こしている問題。５ミリメートル以下のマイクロプラスチックは回収がほぼ不可能といわれています。

○働き方の変化

企業が労働力を確保するためには女性やシニア人材などの雇用が重要となっていますが、労働者にとって働きやすい職場環境が整備されているとは言いづらい状況があります。

格差社会

社会を構成する人々の階層間に経済的、社会的な格差が存在し、その階層間での移動が困難な社会のことを「格差社会」といいます。近年、若年層での経済的格差が特に問題となっています。

働き方改革

過重労働によるうつ病や過労死を防ぐなど、働く人の視点に立って働き方を見直す取り組みのことです。内容は同一労働同一賃金、長時間労働の是正、女性や若者が活躍しやすい環境づくりなど多岐にわたります。ワークライフバランスの実現や労働生産性の向上を促し、経済に成長と分配の好循環が形成されることが期待されています。

女性の活躍支援

社会で活躍したいという希望を持つすべての女性が、その個性と能力を十分に発揮するための施策のことで、2015年に女性活躍推進法が、2019年に改正法が成立しました。企業には、男女間の固定的な役割分担意識に根差す制度や慣例によって生じる格差を解消して、働く意欲と能力のある女性が活躍できる自主的な取り組み、ポジティブ・アクションが求められています。

介護離職問題

家族を始め、身近な人を介護するために仕事を辞めなければならない状態のことを介護離職といいます。介護・看護を理由に離職・転職する人は年間約10万人もいるといわれ、労働力不足や社会保険料などの公的損失に繋がるといわれています。政府は介護離職ゼロに向けて介護の受け皿の拡大や仕事と介護の両立が可能な働き方の普及などを進めています。

高齢者雇用ルール

人口が減少する中で、経済社会の活力を維持するため、2021年に働く意欲のある高齢者が活躍できる環境を整備することを目的に、改正高年齢者雇用安定法が施行されました。これにより、従来から定められていた65歳までの雇用確保義務に加え、70歳までの就業確保の努力義務が設けられました。

○デジタル社会

デジタル技術の進展によりデータの重要性が飛躍的に高まる中、日本で世界水準のデジタル社会を実現することが目指されています。

デジタル化の推進

コロナ禍で国内のデジタル行政の遅れが露呈したことをきっかけに、政府は2021年にデジタル庁を発足させました。マイナンバーカードの活用などで行政手続きをデジタル化させ、国民の利便性を向上させることを目指しています。また、産業界では他国企業との競争上の優位性を得るため、デジタル技術を軸に事業形態を再構築するデジタルトランスフォーメーション（DX）が求められています。

メディアリテラシー

情報を使いこなす能力のことを、「メディアリテラシー」といいます。情報が氾濫《はんらん》する情報化社会においては、情報の真偽を判断し検証したうえで活用する能力が求められています。

○モラルとパワハラ防止

パワーハラスメントは、職場内での優位性を背景にしたもので、人に対する迷惑行為に当たります。パワハラの発生を未然に防ぎ、発生した場合は速やかに適切な措置を取るなどの対処を行わなければなりません。

迷惑行為防止条例

迷惑行為については、各都道府県や一部の市町村が条例を設けて対処しています。各自治体によって違いますが、痴漢や盗撮、路上にたむろする、路上喫煙、落書きなどが対象とされています。モラルの低下に伴い、近年改正して、規制場所等の拡大や規制対象行為の拡大、罰則の引き上げをする自治体も増えています。

パワハラ防止法

一般的には労働施策総合推進法と呼ばれるもので、パワーハラスメントの基準を法律で定めることにより、企業が具体的に防止措置をとることを義務化するものです。罰則規定はありませんが、必要に応じて厚生労働大臣が企業に対し助言や指導、勧告を行います。

2 地方行政や公務員の姿勢についての背景知識

公務員（初級）の小論文試験では、第2章の分類3でも述べたとおり、「どんな公務員になりたいか」「公務員としてどんなことに取り組みたいか」という内容を問うテーマが多く見られます。こういったテーマにふさわしい小論文を展開していくためには、公務員にはどんなことが求められているのか、どんなことができるのかなどの背景知識を整理しておくことが必要です。次の内容について、自分の考えをまとめておくと良いでしょう。

- 高齢化社会について
- 少子化社会について
- 地域活性化について
- 国際化について

○高齢化社会

日本は現在、世界一の高齢社会を迎えているといわれています。医療制度の充実、生活保障制度の充実、学校教育の充実などにより平均寿命が延び、世界一の高齢社会につながったものと考えられます。

超高齢社会

高齢化率が７～14％の社会を「高齢化社会」、14～21％の社会を「高齢社会」、21％以上を「超高齢社会」といいます。日本は1970年に高齢化社会に、1994年には高齢社会になりました。2007年には、ついに超高齢社会に移行しました。

高齢者の孤立

65歳以上の人口が全体の21％以上を占める「超高齢社会」に突入した日本では、一人暮らしの高齢者の孤立が社会問題になっています。高齢者の社会的孤立は、生きがいの低下、消費者被害、孤独死、高齢者による犯罪の増加などの問題を引き起こす可能性があるといわれ、対策が急務となっています。

空き家問題

増え続けている空き家。2018年の土地統計調査によれば空き家率は13.6％と過去最高を記録しました。空き家は景観や衛生上の問題、不法占拠や放火などの犯罪リスクを高めるなど社会問題化しています。国も空家等対策特別措置法を成立させ、解決に向けてさまざまな施策を行っています。

○少子化社会

少子化により地域によっては過疎化がさらに進行し、現在の地方行政のままでは、住民に対する基礎的なサービスの提供が困難になると懸念されます。

少子化の原因

少子化の原因についてはさまざまな見解がありますが、女性の社会進出やライフスタイルの多様化による晩婚化に伴い、晩産化、無産化が進んだこと、子どもの養育費の問題などがかかわっているといわれています。

日本の出生率

厚生労働省が公表した2022年の出生数は77万747人。前年度の出生数を4万875人下回り、初めて80万人台を割り込みました。合計特殊出生率（女性が一生の間に産む子どもの数の推計）も過去最低の1.26で、前年の1.30より0.4ポイント低下しました。

ヤングケアラーと子どもの貧困

ヤングケアラーとは、本来大人が担うとされる家事や家族の世話などが日常化している18歳未満の子どもを指します。心身の健康の悪化、教育機会の損失、周囲からの孤立などの影響により貧困に陥るケースも多く、適切な支援の提供が課題となっています。2020年に埼玉県がケアラー支援条例を制定するなど、自治体による支援も広がっています。

○地域活性化

少子高齢化の進展に対応し歯止めをかけるとともに、それぞれの地域で住みよい環境を確保して、将来にわたって活気ある日本社会を維持していこうとしています。

U・Iターン戦略

都市部から出身地に戻ることをUターン、都市出身者が地方に移住することをIターンといいます。近年、価値観の多様化やICT（情報通信技術）の普及に伴い、幅広い世代で地方移住をする人が増加しています。移住者を受け入れる地方自治体も、雇用の創出や子育て支援を強化しています。

地域コミュニティ

国が掲げる地域福祉のビジョン「地域共生社会」を構成する地縁的なつながり。地域住民が「わが事」として役割を持ち、互いに支え合うことを目指します。核家族化や単身化、過疎化に伴い注目されています。

ハザードマップ

災害想定区域や避難場所、避難経路などを表示した地図。もともと日本は自然災害の多い国ですが、地球温暖化などの影響により、近年は観測史上初と報道されるような豪雨や土砂崩れなどが頻発しています。全国の自治体ではホームページなどでハザードマップを公開しています。

○国際化

国籍などの異なる人々が互いの文化的差異を認め合い、対等な関係を築こうとしながら、地域社会の構成員として共に生きていくことが、地域の国際化につながります。

グローバル化

国家や地域の枠を越えて、地球規模の交流が盛んになることです。人の交流としては、海外からの旅行客の増加や海外出張により人々が世界規模で結びついていきます。経済としては商圏の拡大に伴う経済成長と雇用の創出が起こります。こうしたメリットがある一方、市場経済が加速することにより国内産業の停滞や社会的不平等の拡大、地域文化と伝統の喪失といったデメリットも存在し、共生社会への取り組みが大事になっています。

外国人との共生

日本に在留する外国人は2021年末で約276万人、外国人労働者は2022年10月末で過去最高の約182万人です。出入国在留管理庁では外国人との共生社会の実現に向けた取り組みを行なっていますが、2020年に技能実習生の孤立出産（のちに遺体の放置）が報道され、2021年には名古屋入国管理局の施設でスリランカ人のウィシュマ・サンダマリさんが死亡など、さまざまな問題を抱えています。そこで、労働環境を整備（受け入れ企業に対する取り組み）だけでなく、生活面の支援（言葉や文化の壁を解消する取り組み）が求められています。

第4章

小論文を書くためのプロセス

- ブレインストーミング
- 構成を考えてメモにまとめる
- 書く
- 見直す

本章では、実際に小論文を書くにあたって必要な4つのプロセスを説明します。

第4章　小論文を書くためのプロセス

ここまで、小論文試験の過去問をひもとき、その傾向と対策、さらに「できる小論文」とは何かを見てきました。

それでは小論文は実際に、どのように書いていけばよいのでしょうか。

小論文試験ではテーマが与えられ、その課題に従って書いていくことになります。しかしここで、試験の開始と同時に原稿用紙に書き始めないよう注意しましょう。試験時間に制限があって焦る気持ちもあるでしょうが、原稿用紙にあわてて書き始めたとしても、〝書いては消し〟、〝書いては消し〟を繰り返すだけで、かえって時間の無駄になってしまいます。時間が制限されているからこそ、小論文試験では効率的に書く必要があるのです。

では、どうすれば効率よく書くことができるのでしょうか。

じつは、必要なのは、答案用紙に書き始める前の「下準備」なのです。具体的には、「ブレインストーミング」「構成を考える」「メモにまとめる」という作業です。

これらの作業が終わって初めて、原稿用紙に書き始めることができるのです。

そして、小論文試験では書きっぱなしは禁物です。書き終わったら、必ず文章を見直しましょう。

以上のことをまとめると、小論文を書くためのプロセスは次のようになります。

1 ブレインストーミング
↓
2 構成を考えてメモにまとめる
↓
3 書く
↓
4 見直す

この四つのプロセスを経て、小論文は完成するのです。

それでは続いて、それぞれのプロセスについて、どのような作業が必要とされるのかを見ていきましょう。

[1] ブレインストーミング

小論文を書く際に最初にすべきなのが、「ブレインストーミング（brainstorming）」と呼ばれる作業です。

ブレインストーミングは、「集団発想法」と訳される会議の方法の一つで、五～十人でアイデアを出し合い、検討して発展させていくことを意味します。

ブレインストーミングとは

- ・集団発想法
- ・集団で会議をしてアイデアを出し合い、検討して発展させていく方法

しかし、小論文試験では実際に集団で会議を行うわけではありません。ここでいうブレインストーミングは、仮想世界のものです。自分の脳内で複数の視点からアイデアを出し、検討し、発展させていくということです。

個人の考えはひとりよがりなものになりがちです。そこで、いろいろな立場の意見を想定して検討する必要があるというわけです。

小論文のブレインストーミングは、一般的に次のような手順で行っていきます。

▼個人的な事柄に関する出題のブレインストーミング

① 与えられたテーマについて、個人的な体験をいくつか抽出する
② いくつかの事例の中から、最もテーマにふさわしいものを選ぶ
③ 複数のアイデアを出す
④ 個人的な体験を普遍的な問題へと発展させていく

▼時事的な事柄・専門的な事柄に関する出題のブレインストーミング

① 与えられたテーマについて、定義を考える
② 最初から立場を決めず、肯定（賛成）と否定（反対）の両面から考える
③ 複数の視点に立ってアイデアを出す
④ 問題の原因や結果、背景を考える
⑤ 問題の具体的な解決策を考える

ブレインストーミングの前提条件となる背景知識

具体的には、どのようにブレインストーミングを行っていけばよいのでしょうか。たとえば、小論文のテーマとして「高齢社会」が出題されたとします。その場合、まずは与えられたテーマについて、その定義をおさえておきましょう。そのためには「高齢社会」についての背景知識が必要です。背景知識がなければ、中身のある小論文は書けません。

（例）高齢社会

定義

総人口における高齢者（六十五歳以上の者）の占める比率（高齢化率）が14％を超えた社会。

事実

日本では二〇二二年の六十五歳以上の人口は三六二四万人。

高齢化率は約29・0％。

二〇〇〇年に介護保険法が施行され、老人介護は社会保険によって行われることになった。

問題

労働力人口の減少や社会保険料の負担増などが問題となっている。

ブレインストーミング①　まずは書き出す

ブレインストーミングの第一段階です。まずは、「高齢社会」について思いつくことを書き出してみましょう。

この段階では、小論文で使えるか使えないかを考える必要はありません。納得がいかないことを書いてしまっても、消してきれいに書き直す必要もありません。とにかく、自分の頭の中にあるものをすべて書き出してみます。

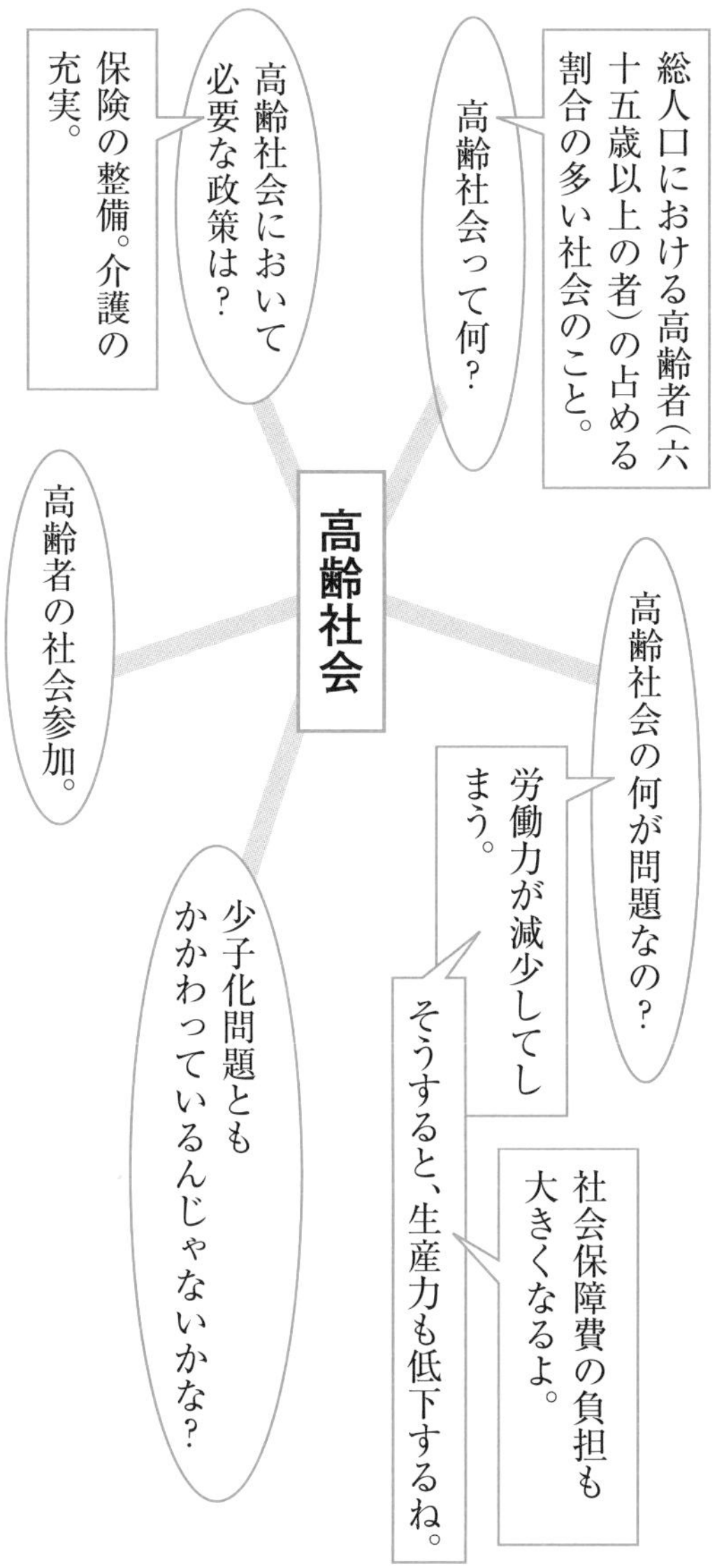
高齢社会
総人口における高齢者（六十五歳以上の者）の占める割合の多い社会のこと。
高齢社会って何？
高齢社会において必要な政策は？
保険の整備。介護の充実。
高齢者の社会参加。
高齢社会の何が問題なの？
労働力が減少してしまう。
社会保障費の負担も大きくなるよ。
そうすると、生産力も低下するね。
少子化問題ともかかわっているんじゃないかな？

ブレインストーミング② 問題点を絞る

ブレインストーミングの第一段階で、テーマについてのさまざまな考えや知識が出てくると思います。次に、小論文を書く際に使えそうな項目をピックアップして、問題点を絞ります。第二段階では、その切り口からさらにブレインストーミングを展開します。

ここでは、高齢社会の何が問題なの？という疑問を取り上げて、問題の原因や結果、背景を探っていきます。

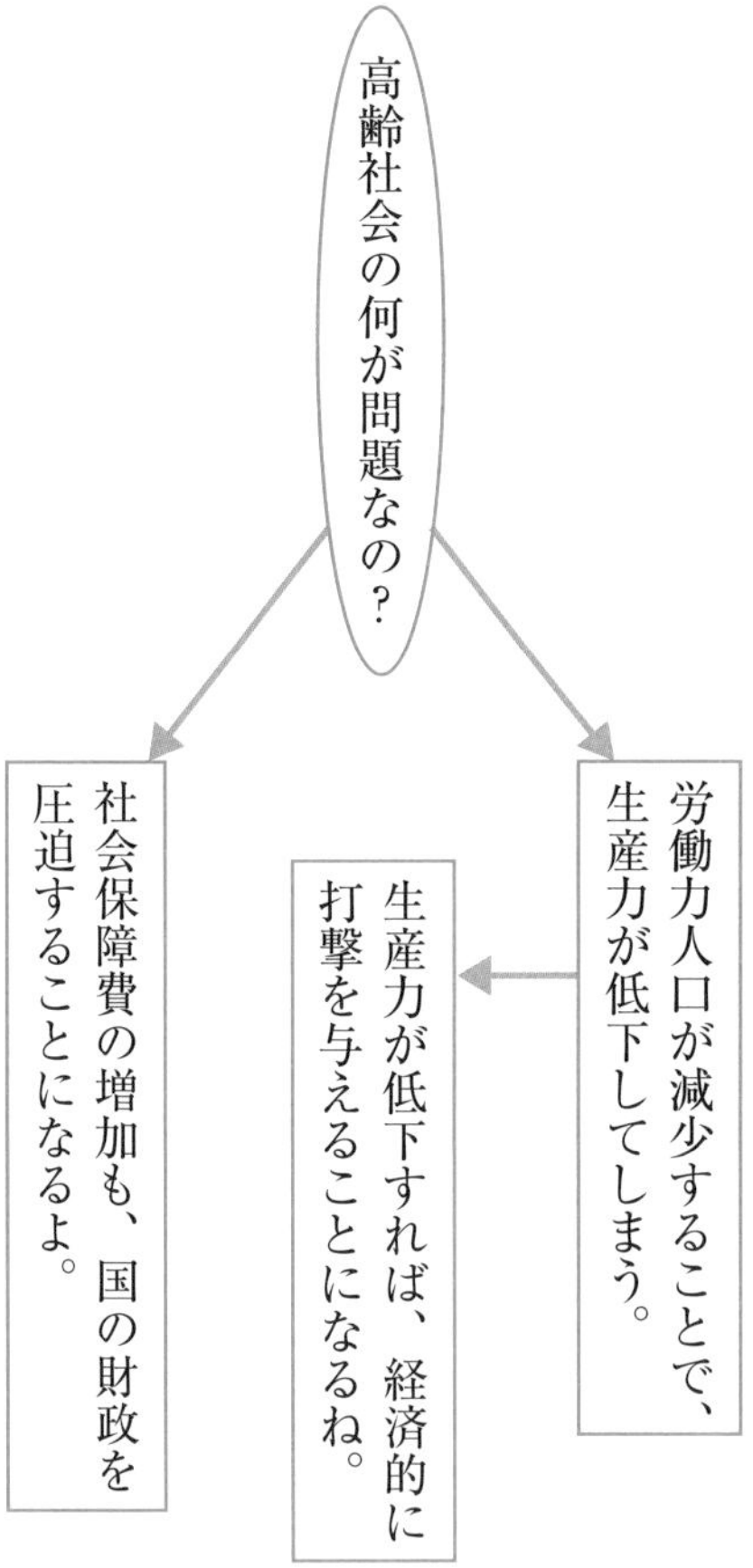

高齢社会の何が問題なの？
労働力人口が減少することで、生産力が低下してしまう。
生産力が低下すれば、経済的に打撃を与えることになるね。
社会保障費の増加も、国の財政を圧迫することになるよ。

ブレインストーミング③ 解決策を探る

ブレインストーミングの第二段階で、「高齢社会」の問題点が明らかになったと思います。すると次に、ではどうすればよいのか？という疑問が出てくるはずです。

ここでは、「高齢社会の抱える問題を解決するためには、どうすればよいのか？」という疑問に答えるために、さらにブレインストーミングを進めて具体的な解決策を見つけていきます。

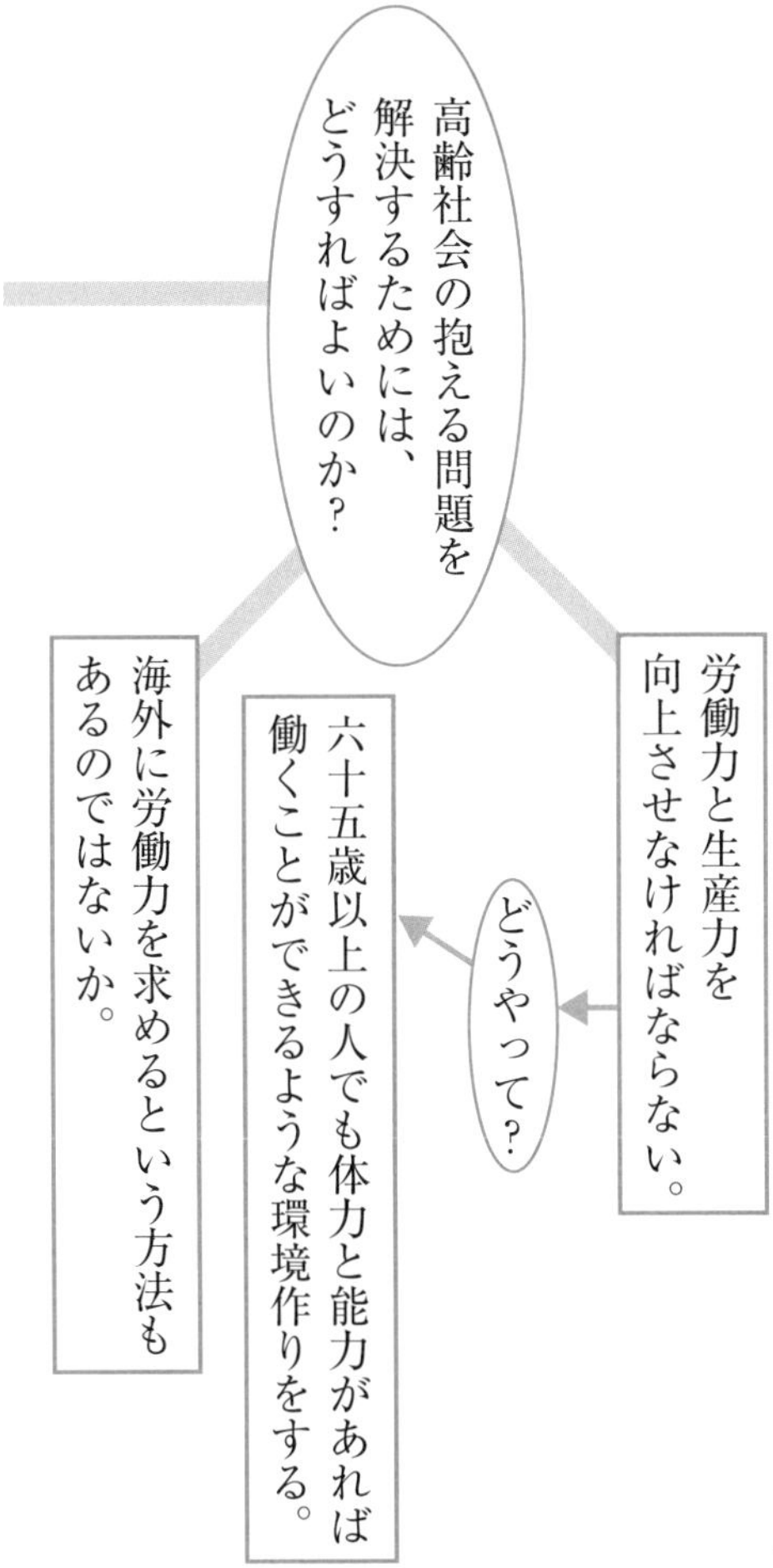
高齢社会の抱える問題を解決するためには、どうすればよいのか？
労働力と生産力を向上させなければならない。
どうやって？
六十五歳以上の人でも体力と能力があれば働くことができるような環境作りをする。
海外に労働力を求めるという方法もあるのではないか。

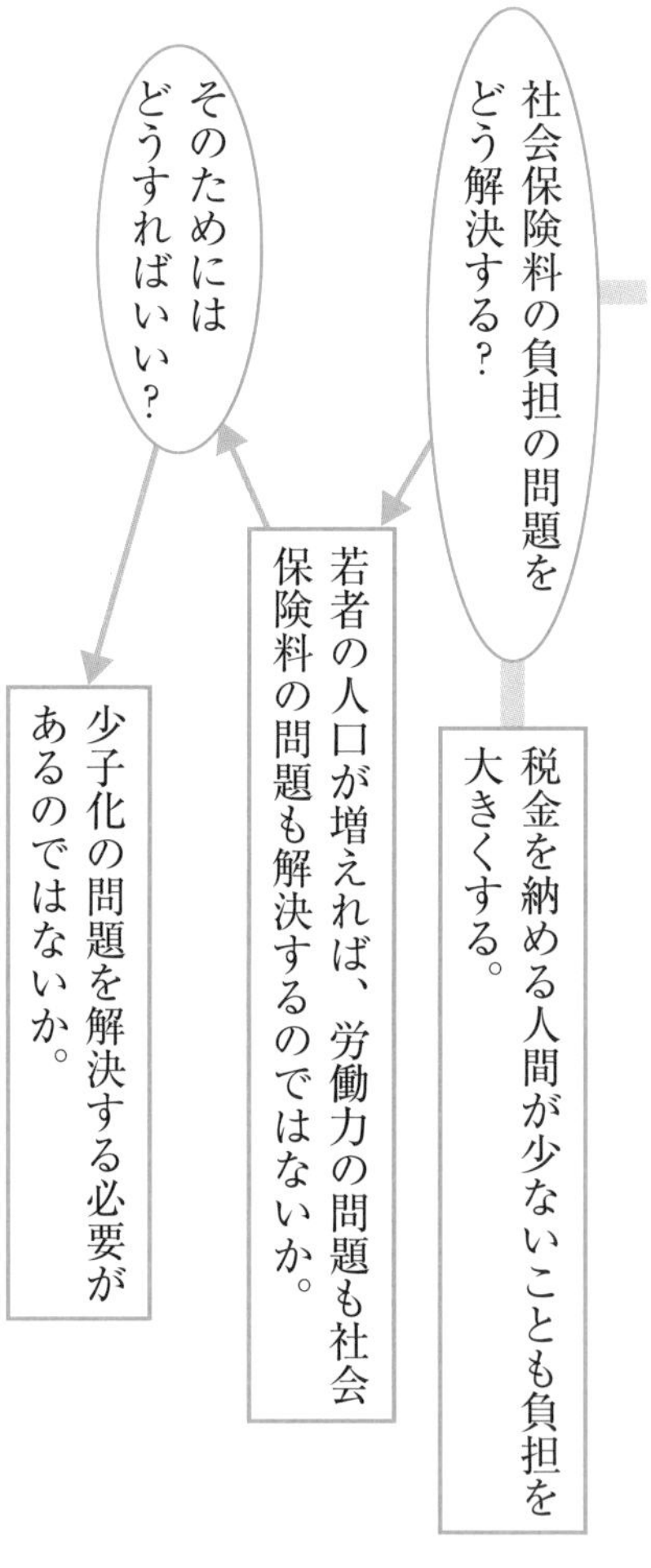
社会保険料の負担の問題をどう解決する？
税金を納める人間が少ないことも負担を大きくする。
若者の人口が増えれば、労働力の問題も社会保険料の問題も解決するのではないか。
そのためにはどうすればいい？
少子化の問題を解決する必要があるのではないか。

ここまでくれば「問題提起」「展開」「結論」という小論文の流れのようなものが見えてきます。ブレインストーミングは、「○○とは何か？（定義）」「○○の何が問題となっているのか？（問題点）」「○○の問題を解決するにはどうすればよいのか？（解決策）」というような疑問を軸として、それに答える形で進めていくとよいでしょう。

そして小論文では独創的な意見が書かれていることが重要なポイントになるので、ブレインストーミングの中から独創的なアイデアをピックアップするようにします。

ブレインストーミングの方法

これまでの解説でブレインストーミングのやり方がほぼ理解できたと思います。

1. テーマについての背景知識をおさえる
2. ブレインストーミングを行う

複数の視点からアイデアを出し、検討して発展させていく。

・「○○とは何か？」
・「○○の何が問題となっているのか？」
・「○○の問題を解決するにはどうすればよいのか？」

を軸としてアイデアを出していく。

※この時、独創的なアイデアを重視するようにする。

3. 「問題提起」「展開」「結論」という話の流れを見いだす

このように、ブレインストーミングは与えられたテーマをもとにアイデアを出していきながら、自分の考えをブラッシュアップさせていくうえで不可欠な作業なのです。

2 構成を考えてメモにまとめる

ブレインストーミングが終わったら、次は構成を考えながらメモにまとめます。

小論文試験において、内容面では次のような項目がチェックされているということは前にも述べました。

内容面での評価チェック項目

- □ 前向きな印象を与えるものになっているか？
- □ 公務員にふさわしい内面的資質が備わっているか？
- □ 自分の考えを明らかにして、独創的に論じているか？
- □ 職務に就くうえで必要な知識を有しているか？
- □ 出題の意図を正しく理解しているか？
- □ 文章の流れは一貫したものになっているか？
- □ 具体的な例を挙げるなどして、客観的に書けているか？
- □ 問題点を明らかにして論じているか？
- □ 問題に対する具体的な解決策を提示できているか？

これらが評価の対象になるということを念頭に置き、何をどのように書いていくのか、構成を考えていきます。

文章の構成

文章の「起→承→転→結」の四部構成か、「序論→本論→結論」の三部構成にするとよいでしょう。

①「起→承→転→結」の四部構成のパターン

第一段落	**起**	**〈問題提起・話題の提示〉** 「○○のためにはどうすべきなのか」 「○○について、考えてみたい」	全体の10％
第二段落	**承**	**〈意見の提示〉** 「私は、△△と考える」	全体の30〜40％
第三段落	**転**	**〈展開〉** 「なぜなら〜〜だからである」 「しかし、××ということもある」	全体の30〜40％
第四段落	**結**	**〈まとめ〉** 「よって、私は□□と考える」	全体の10〜30％

②「序論→本論→結論」の三部構成のパターン

第一段落	**序論**	**〈問題提起・話題の提示〉** 「○○とはどういうことか」 「○○について、考えてみたい」	全体の10～20％
第二段落	**本論**	**〈意見の提示〉** 「私は、△△と考える」 「なぜなら～～だからである」	全体の40～70％
第三段落	**結論**	**〈まとめ〉** 「よって、私は□□と考える」	全体の20～40％

四部構成でも三部構成でも、最初の段落で、これから何について論じていくのかを明らかにします。続く段落で自分の意見とその根拠を提示し、最後の段落で結論を述べる、というのが大まかな流れです。これが、小論文としては最もオーソドックスな構成パターンといえるでしょう。

また、構成を考えてメモにまとめる際には、それぞれの段落の分量についても意識する必要があります。各段落の目安を示しておきましたので参考にしてください。

構成を考える

では、先ほどブレインストーミングを行った「高齢社会」というテーマについて、構成を考えてみましょう。

背景知識

・総人口における高齢者（六十五歳以上の者）の占める比率（高齢化率）の高い社会。
・日本では、二〇一二年に六十五歳以上の人口が三〇〇〇万人を突破。
・家族の負担を軽減し、介護を社会全体で支えることを目的に、二〇〇〇年に介護保険法が施行。老人介護は社会保険によって行われることになった。

ブレインストーミングで出たアイデア

問題点

・高齢社会の何が問題なのか?
↓「労働力人口が減少することで生産力も低下する」
↓「生産力の低下は経済に打撃を与える」

↓「社会保障費の増加が、国の財政を圧迫する」
・高齢社会が抱える問題を解決するにはどうすればいいのか？
↓「労働力と生産力を向上させなければならない」

解決策

「六十五歳以上の人でも体力と能力があれば働けるような環境作りをする」
「若い労働力を確保する」
「社会保障費の財源を確保する」

結論

「少子化問題を解決していく必要がある」

ブレインストーミングの結果から、「高齢社会が抱える問題を解決するにはどうすればいいのか？」ということを問題提起とし（序論）、続いて問題を解決するための方策として考えたことを自分の意見として書き（本論）、最後に高齢社会が抱える問題を解決するためにすべきことを述べる（結論）、という「序論→本論→結論」の三部構成の形にまとめることができそうです。

メモにまとめる

以下のような構想を、メモにまとめていきます。

1　序論

高齢社会の何が問題なのか？

↓労働力人口が減少、経済活動の停滞、社会保障費の増加

高齢社会が抱える問題を解決するにはどうすればいいのか？

2　本論

労働力と生産力を向上させなければならない。

六十五歳以上の人でも働けるような環境作りをする。

社会保障費の財源を確保する。

3　結論

どうすればよいか？

少子化問題を解決していく必要がある。

メモにまとめる時の注意点

メモはあくまでも自分のための覚え書きです。自分がわかればよいので、細かく丁寧に書いて時間を使う必要はありません。大まかな流れと、各段落に何を書くかがわかるようにまとめましょう。メモには最低限、次の二つは記入する必要があります。

- 段落番号
- 各段落の大まかな内容

さらに、この時、次のことを確認しましょう。

- 出題の意図からはずれていないか？
- 文章の流れはよいか？
- 文章の流れに関係のない事例がまぎれこんでいないか？
- 事例を挙げるだけでなく、自分の意見や考えが書けているか？
- 問題を取り上げた場合、具体的に解決策を示せているか？

３ 書く

ブレインストーミングを行い、構成を考えてメモにまとめることができたら、形式面でのチェック項目に注意しながら、実際に原稿用紙に書き始めましょう。

形式面でのチェック項目

- □ 原稿用紙を正しく使って書けているか？
- □ 誤字・脱字のない正しい文章が書けているか？
- □ 読みやすい字で丁寧に書けているか？
- □ 文章語（書き言葉）で書けているか？
- □ 正しい文法で書けているか？
- □ 文章は読みやすく書けているか？
- □ 文章の組み立てを考えて書けているか？

書くという作業は、意外に時間のかかるものです。普段手書きで文章を書くことの少ない人なら、なおさらそのように感じるでしょう。自分が原稿用紙一枚を書きあげるのにどれくらいの時間がかかるのか、あらかじめ把握しておく必要があります。指定の字数の八割は書かないと減点の対象になるので注意しましょう。

文章の書き出し

文章の全体の印象を決めるうえで重要になるのが書き出しの部分です。書き出しで問題提起や話題の提示をする方法には、次のようなパターンがあります。

● **問題提起で始めるパターン**

「○○のためにはどうすべきか」といった文章で始まるもので、最も基本的なパターンです。

● **自分の体験とからめて語り始めるパターン**

時事的な事柄、専門的な事柄に関する出題には向きませんが、個人的な事柄に関する出題の際には有効です。

● **テーマに関する背景知識や定義を述べるパターン**

テーマが難解なものやあいまいなもの、なじみのうすいものなどの場合に効果的です。

● **テーマに対して逆説的なことを言って始めるパターン**

世間一般の意見とは逆と思われる意見を提示することで、注意を引きつけることができます。ただし、うまく結論に結びつけることができないと、ただ非常識な印象を与えるだけで終わってしまうことになります。

4 見直す

最後の作業は見直しです。内容面（74ページ）と形式面（81ページ）に挙げたチェック項目に従って見直しましょう。

さて、ここまで小論文を書くための四つのプロセスについて説明してきましたが、小論文試験の制限時間はたいてい六十分間です。この四つのプロセスのそれぞれにどれくらいの時間をかけるのか、時間配分を考えて取り組むことが重要です。

時間配分の例

① ブレインストーミング	十五分程度
② 構成を考えてメモにまとめる	二十分程度
③ 答案用紙に書く	二十分程度
④ 答案を見直す	五分程度

小論文の書き方が理解できたら、実際に書いてみましょう。第5章と第6章では、実践編として過去に出題された小論文試験に取り組んでいきます。

第5章

例題

- STEP1
- STEP2
- STEP3

本章では、小論文試験の頻出テーマ※を取り上げて、高得点をねらえる小論文を書くために必要な事項を具体的に説明します。

※「テーマ」は表記や文章量を整えるために一部改変している場合があります。

テーマ「友人について」

悪い例

❶友人の定義はいろいろあるだろうが、一般的に友人といえば「気の合う人❷」や「いつも身近にいてくれる人」ということになるだろう。しかし、むしろ「いつも身近にはいない人」や「気の合わない人」こそが、本当の友人であると私は考えている。

❸確かに、いつも身近にいてくれて気の合う人とはいっしょにいると楽しい❷。しかし「いつも身近にいてくれる人」は、進路が分かれるなどして身近にいることができなくなる可能性がある。長い人生で起こるさまざまな出来事によって疎遠になってしまうこともある。一方で、近くにいることが

評価

構成	用法・語法	個性
A	C	B

テーマである「友人」の反対意見から論作を始め、無理なく自分の考えを主張した点は評価できる。原稿用紙の使い方に誤りがあると減点の対象になるので、注意しよう。

❶ 文章の書き始めを一字下げる。

❷ 句読点（、）（。）は行頭に置かず、行の最後のマスに一緒に置くこと。とじかぎかっこ（」）は行頭に置かないこと。

❸ 段落の最初は一字下げる。

できなくなっても、ずっと友達付き合いが続く人もいる。つまり、物理的に距離が離れたとしても友達付き合いの続く人こそ、本当の友人ではないか❹――と、私は考える。また、「気が合う人」とも、いつの間にか気が合わなくなってしまって自然と会う機会が減っていくことがある。気が合うということは自分と価値観が同じであるということである。同じ価値観を持つ者だけで集まっていても、自分自身は成長していかない。自分と異なる考えを持ち、それまでの自分の価値観を揺るがしてくれるような人、つまり、一見「気の合わない人」こそ、自分にとって良い友人となるのである。

「いつも身近にいてくれる人」「気の合う人」というのは、学生時代の一時の付き合いにすぎない場合もあるのではないだろうか？❺私は、距離が離れても長く付き合いが続き、双方が成長できる「いつも身近にはいない人」「気の合わない人」こそ、真の友人、本当の意味で良い友人であると考える。

❹思考線（――）や思考点（……）を用いる時は二字分あてる。

❺感嘆符（！）や疑問符（？）などの記号類は用いない。

良い例

　友人の定義はいろいろあるだろうが、一般的に友人といえば「気の合う人」や「いつも身近にいてくれる人」ということになるだろう。しかし、むしろ「いつも身近にはいない人」や「気の合わない人」こそが、本当の友人であると私は考えている。

　確かに、いつも身近にいてくれて気の合う人とはいっしょにいると楽しい。しかし、「いつも身近にいてくれる人」は、進路が分かれるなどして身近にいることができなくなる可能性がある。長い人生で起こるさまざまな出来事によって疎遠になってしまうこともある。一方で、近くにいるこ

ここに注意！
レベルアップ講座

ここがポイント
文章の書き方の基本的なルールを守る

文章の書き始めと段落の最初の文字は、読みやすいように一字下げて書く。これは、小論文や作文など、日本語の文章における基本的なルールだ。かぎかっこの下の部分（」）をとじかぎかっこと呼ぶが、とじかぎかっこや句読点（、）（。）を行頭に置かないことも覚えておきたい。

ここがポイント
小論文は日本語だけで書く

小論文を書くときは、感嘆符（！）や疑問符（？）などの記号類は用いない。感嘆符や疑問符を用いなくても読んだ人に伝わるように、論旨を明確に書くことを心がけよう。思考線（——）や思考点（……）は使用できるが、二字分あてることを忘れずに。

とができなくなっても、ずっと友達付き合いが続く人もいる。つまり、物理的に距離が離れたとしても友達付き合いの続く人こそ、本当の友人ではないか――と、私は考える。また、「気が合う人」とも、いつの間にか気が合わなくなってしまって自然と会う機会が減っていくことがある。気が合うということは自分と価値観が同じであるということである。同じ価値観を持つ者だけで集まっていても、自分自身は成長していかない。自分と異なる考えを持ち、それまでの自分の価値観を揺るがしてくれるような人、つまり、一見「気の合わない人」こそ、自分にとって良い友人となるのである。

「いつも身近にいてくれる人」「気の合う人」というのは、学生時代の一時の付き合いにすぎない場合もあるのではないだろうか。私は、距離が離れても長く付き合いが続き、双方が成長できる「いつも身近にはいない人」「気の合わない人」こそ、真の友人、本当の意味で良い友人であると考える。

応用　例題で練習しよう

「友人と親友の違い」／「両親について」／「学生時代の忘れられない出来事」／「クラブ活動で学んだこと」／「恩師との思い出」

テーマ「あなたが経験した出来事の中で心に残ったものについて述べたうえで、そこから何を学んだかを述べよ」

悪い例

私は、中学、高校の合計6①年間②、陸上部に所属し、ずっと長距離を専問③にして走ってきた。去年は、ついに目標であったフルマラソン完走を果たすことができた。この経験は今もなお色あせることなく、私の心に残っている。

陸上部に所属した中学一年生の春から、私は毎朝のジョギングを日課にしてきた。長距離走の最後になって失速することが多かったため、持久力をつけるために始めたことだった。最初は長い距離を走ることはできなかったが、だんだん走れる距離が長くなってきた。毎朝のジョギングを続

評価

構成	用法・語法	個性
A	C	B

自らの失敗経験を取り入れて書いたことで、小論文に説得力が増した。漢字の書き間違い、送り仮名の間違いなどがあると、全体の評価が低くなるので注意したい。

① 縦書きの場合は漢数字を使用。

② 略字の漢字は用いず、楷書（正しい字）で書く。

③ 誤字は厳禁。特に同音意義語に注意すること。

④ 送り仮名を正しく書く。

けることで、少しずつ自分に力がついてきていることが実感でき、うれしかった。そして、次第に「フルマラソンを完走したい」という夢を抱だく④ようになった。しかし、陸上部に所属しているといっても、フルマラソンを完走するのは並大抵のことではない。一度挑戦したものの、途中でペースを崩して断念してしまい、ゴールにたどりつけなかった。だからこそ、去年、ねんがん⑤の完走を果たしたときには、長年の努力が報われたと思い、非情③にうれしかった。

「継続は力なり」という言葉があるが、フルマラソン完走という経験を通じて、何事もこつこつ続けることが大事であり、頑張り続けることで結果はついてくるということを、身をもって学んだ。私は此れ⑤からも「継続は力なり」という言葉を信じて、何事もあきらめることなく励みたい。公務員という仕事に就くようになったら、さまざまな困難が待ち受けていると思う。そんな時はこのフルマラソン完走の経験を思い出して頑張っていきたい。

⑤一般的に漢字で書く言葉は漢字で、平仮名で表記する言葉は平仮名で書く。

良い例

私は、中学、高校の合計六年間、陸上部に所属し、ずっと長距離を専門にして走ってきた。去年は、ついに目標であったフルマラソン完走を果たすことができた。この経験は今もなお色あせることなく、私の心に残っている。

陸上部に所属した中学一年生の春から、私は毎朝のジョギングを日課にしてきた。長距離走の最後になって失速することが多かったため、持久力をつけるために始めたことだった。最初は長い距離を走ることはできなかったが、だんだん走れる距離が長くなってきた。毎朝のジョギングを続け

ここに注意！

レベルアップ講座

ここがポイント

正しい漢字を使って書こう

小論文で漢字を書くときは、楷書を心がけたい。原稿用紙が縦書きの場合、数字は漢数字で表記すること。たとえ文章の構成がしっかりしていても、漢字や送り仮名の間違いがあると、小論文としての評価は下がる。特に「門」「問」などの同音異義語に気をつけよう。

ここがポイント

普段から読書の習慣をつけよう

一般的に漢字で表記される言葉は漢字で、平仮名で表記される言葉は平仮名で書こう。普段から本を読む習慣をつけておくと、この言葉は漢字表記か平仮名表記かということや、漢字の送り仮名についても分かるようになる。

ることで、少しずつ自分に力がついてきていることが実感でき、うれしかった。そして、次第に「フルマラソンを完走したい」という夢を抱くようになった。しかし、陸上部に所属しているといっても、フルマラソンを完走するのは並大抵のことではない。一度挑戦したものの、途中でペースを崩して断念してしまい、ゴールにたどりつけなかった。だからこそ、去年、念願の完走を果たしたときには、長年の努力が報われたと思い、非常にうれしかった。

「継続は力なり」という言葉があるが、フルマラソン完走という経験を通じて、何事もこつこつ続けることが大事であり、頑張り続けることで結果はついてくるということを、身をもって学んだ。私はこれからも「継続は力なり」という言葉を信じて、何事もあきらめることなく励みたい。公務員という仕事に就くようになったら、さまざまな困難が待ち受けていると思う。そんな時はこのフルマラソン完走の経験を思い出して頑張っていきたい。

応用　例題で練習しよう

「あなたが学生時代に経験した出来事から学んだことを述べよ」／「あなたが故郷で経験した忘れられない出来事と、それによって得た気づきについて述べよ」

テーマ「豊かさについて」

悪い例

国内総生産で世界第三位を誇る日本が豊かな国だということは間違いありません❶。しかし、人々が本当に豊かに暮らしていらっしゃる❷のかといえば、必ずしもそうでないように思います❶。それはいったいどうしてなのでしょうか❶。私は考えてみました❶。

その要因は、わが国が物質的には豊かであっても、精神的には豊かではないことにあると私的には❸思います❶。物質的な豊かさは必ずしも精神的な豊かさを生み出すものではぶっちゃけ❸ないようです❶。TV❹や新聞などでよく話題になっている「引きこもり」という現象は、わが国が物質的には豊

評価

構成	用法・語法	個性
A	C	B

最初に問題を提起し、「引きこもり」が起こる原因を分析、最後に意見を述べるという構成は評価できる。話し言葉ではなく、小論文らしい文章語（書き言葉）を使おう。

❶ 文体は「だ・である」調で書く。

❷ 小論文では敬語は用いない。

❸ 軽薄な印象を与えるので、流行語の使用は問題外。

❹ 略語は厳禁。この場合は「テレビ」と書くこと。

かである半面、精神的には貧しいという状況をよく表しているように思えます。❶だって、❺引きこもっていても生きていけるということは、衣・食・住に恵まれていて物質的には豊かだっていう❺ことの表れだからです。❶でも、❺引きこもるということは精神的には飢え、すさんでいることの表れでもあります。❶また、外界との接触を断って引きこもる人が増えているということは、社会に対して大きな不安や不満を抱く人が多いということも示しています。❶「引きこもり」という現象は、今のわが国の問題を端的に表しているのではないかと思います。❶

真に豊かに生きるためには、物質面だけでなく精神面も大切であるということはいうまでもありません。❶また、個人のあり方と同時に、社会のあり方というものも重要になってきます。❶社会に対して希望を感じられるとき、自分の人生に対しても希望を抱きやすくなるのではないでしょうか。❶人生に希望を感じられるとき、人間はその希望に向かって充足して生きることができるのだと私は考えます。❶

❺話し言葉で書かず、文章語（書き言葉）を使用すること。

良い例

国内総生産で世界第三位を誇る日本が豊かな国だということは間違いない。しかし、人々が本当に豊かに暮らしているのかといえば、必ずしもそうでないように思う。それはいったいどうしてなのだろうかと、私は考えてみた。

その要因は、わが国が物質的には豊かであっても、精神的には豊かではないことにあると私は思う。物質的な豊かさは必ずしも精神的な豊かさを生み出すものではないようである。テレビや新聞などでよく話題になっている「引きこもり」という現象は、わが国が物質的には豊かである半面、

ここに注意！

レベルアップ講座

ここがポイント

「だ・である」調で意見や主張を明確に

小論文は作文のように自分の気持ちを伝えるものではなく、読んでいる人に意見や主張を伝えるもの。したがって、「です・ます」調ではなく、「だ・である」調を用い、敬語は使用しない。明確な文章で、自分の意見や主張をはっきりと書くことを心がけよう。

ここがポイント

文章語（書き言葉）を使って書く

文章に話し言葉は用いず、文章語（書き言葉）で書くことが大前提。小論文はエッセイではないので、日常生活で無意識に使っている略語や、流行語を使わないように気をつけたい。

精神的には貧しいという状況をよく表しているように思える。なぜなら、引きこもっていても生きていけるということは、衣・食・住に恵まれていて物質的には豊かであるということの表れだからである。しかし、引きこもるということは精神的には飢え、すさんでいることの表れでもある。また、外界との接触を断って引きこもる人が増えているということは、社会に対して大きな不安や不満を抱く人が多いということも示している。「引きこもり」という現象は、今のわが国の問題を端的に表しているのではないかと思う。

真に豊かに生きるためには、物質面だけでなく精神面も大切であるということはいうまでもない。また、個人のあり方と同時に、社会のあり方というものも重要になってくる。社会に対して希望を感じられるとき、自分の人生に対しても希望を抱きやすくなるのではないだろうか。人生に希望を感じられるとき、人間はその希望に向かって充足して生きることができるのだと私は考える。

応用

例題で練習しよう

「優しさについて」／「常識について」／「挑戦について」／「成長について」／「生きがいについて」／「人生について」／「成功について」／「感謝について」／「満足について」

STEP 1 文法的に正しく書く

テーマ「コミュニケーションにおいて大切なこと」

悪い例

コミュニケーションは、情報を伝達しあうことの他に、意思や感情を伝えあうことにおいてとても重要だ。さまざまなコミュニケーション手段を❶発達した現代では、状況に応じた手段を選択し、用途にあった工夫をされ❷る努力が必要だろう。

❸ならば、メールにおいての絵文字機能はその工夫の一つではないだろうか。友人にメールを送る際に絵文字を用いずに送ったところ、すぐに電話をもらい、怒っているのかどうかを尋ねられたことがある。これは私の感情が文字以外に現れず、感情表現が少なかったために誤解が生❷んでしまっ

評価

構成	用法・語法	個性
A	C	B

日常生活をテーマにつなげ、体験を交えて構成した点は評価できる。助詞や動詞の使い分けの誤り、ふさわしくない接続語や修飾語が気になるので、正しい文法を使用したい。

❶ 助詞（てにをは）を正しく使う。

❷ 自動詞、他動詞の使い分けに注意する。

❸ 前後の文章をスムーズにつなぐため、ふさわしい接続語を選ぶ。

たのだ。友人は私の電話口の声音からすぐに誤解を解いてくれたが、実際に会って話していれば、表情からも私の感情が相手に伝わり、誤解自体が生じなかっただろう。会えなくとも絵文字を使えば、怒っているとは思われなかったはずである。私たちはコミュニケーションを言葉だけではなく、さまざまな要素によって補い、意思疎通しているのである。この出来事を通して、今さらながら私はそう確信した。

現代はコミュニケーション手段が増え、どこにいても浅く❹連絡が取れるようになった。その反面、それぞれの手段の特性を考えた表現の工夫をしなければ、相手に誤解なく意思伝達することは難しい。誤解が生じていることにすら気付かないこともあるだろう。コミュニケーションの原型は会って話した❺ことであり、そうでない場合は、何が表現として欠けているのかを意識し、補うよう努力すべきだ。コミュニケーションが容易にとれる時代だからこそ、その大切さについて改めて考える必要があるように思う。

---

❹修飾語の選び方に注意。正確に文意を伝えるためには、適切な修飾語を用いること。

❺過去形、現在形など動作・作用の時間関係に気をつける。

良い例

コミュニケーションは、情報を伝達しあうことの他に、意思や感情を伝えあうことにおいてとても重要だ。さまざまなコミュニケーション手段が発達した現代では、状況に応じた手段を選択し、用途にあった工夫をする努力が必要だろう。

例えば、メールにおいての絵文字機能はその工夫の一つではないだろうか。友人にメールを送る際に絵文字を用いずに送ったところ、すぐに電話をもらい、怒っているのかどうかを尋ねられたことがある。これは私の感情が文字以外に現れず、感情表現が少なかったために誤解が生じてしまっ

ここに注意！

レベルアップ講座

ここがポイント　読みやすい文章を心がける

日本語の文章は、助詞（てにをは）が間違っていると意味が分かりにくくなる。書き終わったら何度も読み返して、不自然な点がないかチェックしよう。自動詞、他動詞の使い分けにも注意して、読みやすい文章を心がけたい。

ここがポイント　前後のつながりにふさわしい修飾語を

前の文章と後の文章をスムーズにつなげるため、ふさわしい接続語を選ぼう。具体例を示すための接続語は、「ならば」ではなく「例えば」。修飾語は、文章の意図を明確にするための重要な要素なので、よく考えて使おう。

応用　例題で練習しよう

「会話において大切なこと」

たのだ。友人は私の電話口の声音からすぐに誤解を解いてくれたが、実際に会って話していれば、表情からも私の感情が相手に伝わり、誤解自体が生じなかっただろう。会えなくとも絵文字を使えば、怒っているとは思われなかったはずである。私たちはコミュニケーションを言葉だけではなく、さまざまな要素によって補い、意思疎通しているのである。この出来事を通して、今さらながら私はそう確信した。

現代はコミュニケーション手段が増え、どこにいても簡単に連絡が取れるようになった。その反面、それぞれの手段の特性を考えた表現の工夫をしなければ、相手に誤解なく意思伝達することは難しい。誤解が生じていることにすら気付かないこともあるだろう。コミュニケーションの原型は会って話すことであり、そうでない場合は、何が表現として欠けているのかを意識し、補うよう努力すべきだ。コミュニケーションが容易にとれる時代だからこそ、その大切さについて改めて考える必要があるように思う。

／「意思疎通において重要なこと」／「相互理解において欠かせないこと」／「相手の話を聞く力を身につけるために必要なこと」

テーマ「忘れられない一言について述べよ」

悪い例

良薬は口に苦し❶。まさにその通りだと思う。優しいことを言うのは簡単だ。厳しいことを言ってくれる人❶。それこそが、本当の友❶。自分の身勝手さに気づかせてくれた高校時代の親友❶。今も感謝の気持ちでいっぱいである。

高校時代、私はバレーボール部でレフトアタッカー、親友はセッター❶。一年生の時から、よく二人で一緒に居残り練習をした。どんな時でも、彼は何も言わずにトスを上げ続けてくれた。私がスランプに陥って、バックアタックが決まらなくなってしまった時にも、私が納得するまで、何十本

評価

構成	用法・語法	個性
B	C	B

体言止めとかぎかっこの多用が気になる。その他にも「5WIH」が不明など、論作文としてふさわしくない点が見受けられる。平易な表現で正確な用法を心がけたい。

❶ 体言止めの多用は避ける。

❷ 「5W1H」のうち「何を（What）」が不明。

❸ 思考線（——）や思考点（……）の使用は最小限にとどめる。

❹ 強調のためのかぎかっこ

も打たせてくれた。それなのに私は、彼に感謝の言葉を述べることもしなかった。当たり前のように思っていた。心の中では、むしろ「うまく打てないのはあいつのボールが悪いから……」などと思っていた。私がそんな自分を深く反省したのは、初めて二人ともレギュラーとして出場した試合の後だった。我ながらいいプレーができて、勝利に貢献できたと満足していた私に、彼が言ったのは――「自分一人で勝ったと思うなよ」という「一言」だった。

その瞬間は反発する気持ちが強かった。おそらく私は、彼の前でムッとした表情をしたに違いない。されど、その後あらためて考えてみて、自分がいかに自己中心的だったかを悟った。そして、耳の痛いことをあえて言ってくれた親友に、今ではとても「感謝」している。相手のことを本当に考えたら、時には厳しいことを言うのも大切だと思う。私も必要なことをきちんと言える人でありたい。この出来事以来、彼との絆が強くなったことはいうまでもない。

（「　」）は多用しない。意味のない使用は避ける。

❺特異な言い回しを使わず、平易な表現で書く。

良い例

「良薬は口に苦し」と言うが、まさにその通りだと思う。優しいことを言うのは簡単だ。厳しいことを言ってくれる人こそが、本当の友である。自分の身勝手さに気づかせてくれた高校時代の親友に、今も感謝の気持ちでいっぱいである。

高校時代、私はバレーボール部でレフトアタッカー、親友はセッターだった。一年生の時から、よく二人で一緒に居残り練習をした。どんな時でも、彼は何も言わずにトスを上げ続けてくれた。私がスランプに陥って、バックアタックが決まらなくなってしまった時にも、私が納得するまで、

ここに注意！

レベルアップ講座

ここがポイント

特別な用法は使わない

論作文はできるだけ平易な言い回しを使って、自分の意見や主張を述べるもの。強調のための体言止め（文の最後を名詞や代名詞で終えること）やかぎかっこ、思考線（——）などの使用はできるだけ少なくしたい。多用すると狙った効果が得られず、言いたいことが伝わらない。

ここがポイント

「5W1H」を意識して書く

「5W1H」とは、書き手の意見や主張を明確に伝えるための文章構成の基本。論作文に取り組むときは、以下を意識して書くように心がけよう。

「When（いつ）」
「Where（どこで）」
「Who（だれが）」
「What（なにを）」
「Why（なぜ）」
「How（どのように）」

何十本も打たせてくれた。それなのに私は、彼に感謝の言葉を述べることもしなかった。彼の厚意を当たり前のように思っていた。心の中では、むしろ「うまく打てないのはあいつのボールが悪いからだ」などと思っていた。私がそんな自分を深く反省したのは、初めて二人ともレギュラーとして出場した試合の後だった。我ながらいいプレーができて、勝利に貢献できたと満足していた私に、彼が言ったのは、「自分一人で勝ったと思うなよ」という一言だった。

その瞬間は反発する気持ちが強かった。おそらく私は、彼の前でムッとした表情をしたに違いない。しかし、その後あらためて考えてみて、自分がいかに自己中心的だったかを悟った。そして、耳の痛いことをあえて言ってくれた親友に、今ではとても感謝している。相手のことを本当に考えたら、時には厳しいことを言うのも大切だと思う。私も必要なことをきちんと言える人でありたい。この出来事以来、彼との絆が強くなったことはいうまでもない。

応用　例題で練習しよう

「『かけがえのない思い出』について述べよ」／「『自分を成長させた出来事』について述べよ」

テーマ「社会人として必要なこと」

悪い例

社会人の定義はさまざまあるだろうが、私は、社会人とは社会とかかわりを持ち、労働を通じて社会に対して貢献している人のことを指すと考える。それでは、このような社会人となるためには、いったいどんなことが必要なのだろうか。

社会人として働くうえで最もマストなもの❶は、それぞれが責任感を持つことはないかと思う。私は学生のときに、飲食店でアルバイトをしていたことがある。アルバイトというものは、社会人になるために人生という名のはしごを一段、また一段と上ることだと思うのだが、アルバイトをした❷

評価

構成	用法・語法	個性
C	C	B

重複する表現が多く、文章の意味が取りにくい。読みやすく、論旨が明確になるよう重複を省き、文章を適度に分けるようにしたい。カタカナの使用はできるだけ控えよう。

❶カタカナを使いすぎないように注意。「アルバイト」など、日本語として定着している言葉以外は使用を控える。

❷小論文に文学的な表現は不要。個性は内容でアピールしたい。

ときに感じたのは、自分の業務に対して背負う責任のヘビーさである。社会人は労働に対して報酬を得る。そして、多くの場合、組織に所属している。そのために、自分の行為によって生じた結果に責任を持つことが、学生よりも社会人には強く要求されているのだと感じた。組織に所属する人間が無責任な行動をとれば、組織に大きなダメージを与えることになってしまう。社会人として自分の行為によって生じた結果に責任を持って働くということは、すなわち、自分に与えられた職務を確実に果たすこと、規則を厳守すること、組織の利益を意識して行動することにつながるはずである。

社会人は、生産活動や教育、福祉、サービスなど、社会を構成するさまざまな面にかかわり、社会を支えている人間であるからこそ、社会人の一人ひとりが、責任感を持って働くことが重要となるので、私は、今春学校を卒業すると同時に社会人となるわけだが、責任感を持って働くということを肝に銘じて、公務員としてしっかりと任務を全うしていきたいと思う。

❸ 同じような表現が続くと言いたいことがぼやけてしまうので、重複表現を避ける。

❹ 修飾する部分や、主語や述語にあたる部分が長すぎると、意味が取りづらくなる。適度に文を分けて、わかりやすい表現を心がける。

良い例

社会人の定義はさまざまあるだろうが、私は、社会人とは社会とかかわりを持ち、労働を通じて社会に対して貢献している人のことを指すと考える。それでは、このような社会人となるためには、いったいどんなことが必要なのだろうか。

社会人として働くうえで最も必要なものは、それぞれが責任感を持つことではないかと思う。私は学生のときに、飲食店でアルバイトをしていたことがある。アルバイトというものは、社会人になるための一種の準備段階であると思うのだが、アルバイトをしたときに感じたのは、自分の業務

ここに注意！

レベルアップ講座

ここがポイント

カタカナは最小限に

日常会話で使っていても、「マスト」のように日本語として定着していないカタカナは、論作文では使用を控える。基本的に漢字と平仮名で表現したい。

ここがポイント

重複表現は避ける

同じような表現が何度も出てくると読みにくく、論旨が明確な文章にならない。文章は適度に分けて、意味がとりやすい表現を心がけよう。文学的な表現は避け、平易な文章で分かりやすく書こう。

応用

例題で練習しよう

「学生と社会人の違い」／「社会人に求められるもの」／「公務員に必要なこと」

に対して背負う責任の重さである。社会人は労働に対して報酬を得る。そして、多くの場合、組織に所属している。そのために、自分の行為によって生じた結果に責任を持つことが、学生よりも社会人には強く要求されているのだと感じた。組織に所属する人間が無責任な行動をとれば、組織に大きな損害を与えることになってしまう。社会人として責任感を持って働くということは、すなわち、自分に与えられた職務を確実に果たすこと、規則を厳守すること、組織の利益を意識して行動することにつながるはずである。

社会人は、生産活動や教育、福祉、サービスなど、社会を構成するさまざまな面にかかわり、その社会を構成し、かつ支えている人間である。だからこそ、社会人の一人ひとりが、責任感を持って働くことが重要となる。私は、今春学校を卒業すると同時に社会人となるわけだが、責任感を持って働くということを肝に銘じて、公務員としてしっかりと任務を全うしていきたいと思う。

テーマ「私がやりがいを感じるとき」

悪い例

❶ 自宅の大掃除をするとき、好きな音楽を流しながら取り組む。そして、「このアルバムを一枚聴き終わるまでに、この部屋の片づけを終える」という目標を立てる。もちろん、作業量を考えて、目標は少し高めに設定するようにする。かといって、雑に終えるのでは意味がない。どうすれば無駄がなく、効率のよい作業ができるかを考えながら、時に進捗を確かめ、それが順調でなければ計画を修正しながら、取り組んでいくのである。

❶ 私は何かに取り組むとき、いつも自分の中に到達目標を設定するようにしている。そして、それをクリアしていくことに、とてもやりがいを感じ

❷

評価

構成	用法・語法	個性
C	B	B

自分のポリシーをテーマにつなげているのは説得力があるが、文頭の具体例が唐突で、結論が最終段落にないなど、文章の構成が分かりにくい。理解しやすい文章を心がけよう。

❶ 冒頭の文章は主語がないので文の意味が分かりにくい。文章と文章の間に接続語などを用いて、わかりやすい文章を書くこと。

❷ この場合は、テーマについての所見を述べた後に具体的な例を挙げるなど、効果的な文章の構成を考えよう。

ている。

❶自分の中に到達目標を設定して物事に取り組むと、億劫だった事柄も、わりとスムーズに片づくことが多いように思われる。自分への挑戦のような気持ちで取り組むので、作業を終えた後はいつも清々しい気持ちになり、気分がよい。私は、この方法は社会に出て仕事をする場面にも、応用できると考えている。どうしたら県民のニーズに迅速に応えられるか、どうしたら県民に公平に対応できるかなど、自分なりの目標を立ててやり方を考え、時にはチームのメンバーと協力して達成していくことが必要だと考える。

これは一人よがりな考えかもしれないが、報酬を得て業務にあたる場合、人から感謝されることだけにやりがいを感じるのは、公務員として適切なことではないと思う。数人で業務にあたるときは、相談しあってチームの目標を立てればよい。その目標を超えるべく全員で協力しあうことで、楽しみながら、さまざまな仕事をこなしていければよいと思う。

❸

❸結論にあたる部分は途中の段落で書かず、最終段落で述べる。

良い例

私は何かに取り組むとき、いつも自分の中に到達目標を設定するようにしている。そして、それをクリアしていくことに、とてもやりがいを感じている。

例えば、自宅の大掃除をするとき、好きな音楽を流しながら取り組む。そして、「このアルバムを一枚聴き終わるまでに、この部屋の片づけを終える」という目標を立てる。もちろん、作業量を考えて、目標は少し高めに設定するようにする。かといって、雑に終えるのでは意味がない。どうすれば無駄がなく、効率のよい作業ができるかを考えながら、時に進捗を

序論

解答例から学ぶ

レベルアップ講座

ここがポイント　文章のつながりを考える

具体例を挙げる場合は「例えば」、前の文章の事柄を受け、結果を述べる時は「こうして」など、ふさわしい接続語を使用しよう。

ここがポイント　文章の構成を明確に

「テーマについての所見を述べてから具体例を挙げる」「結論は最終段落で述べる」など、読みやすく分かりやすい文章の組み立てを考えよう。

ここがポイント　三部構成でまとめる

八〇〇字程度の小論文であれば、「序論→本論→結論」の三部構成がまとめやすい基本パターン。

序論　テーマに対する考え
（どうすれば、やりがいを感じるのか）

本論　その考えに至る理由

確かめ、それが順調でなければ計画を修正しながら、取り組んでいくのである。

こうして物事に取り組むと、最初は億劫だった事柄も、わりとスムーズに片づくことが多いように思われる。自分への挑戦のような気持ちで取り組むので、作業を終えた後はいつも清々しい気持ちになり、気分がよい。

私は、この方法は社会に出て仕事をする場面にも、応用できると考えている。これは一人よがりな考えかもしれないが、報酬を得て業務にあたる場合、人から感謝されることだけにやりがいを感じるのは、公務員として適切なことではないと思う。どうしたら県民のニーズに迅速に応えられるか、どうしたら県民に公平に対応できるかなど、自分なりの目標を立てて、達成していくことが必要だと考える。数人で業務にあたるときは、相談しあってチームの目標を立てればよい。その目標を超えるべく全員で協力しあうことで、楽しみながら、さまざまな仕事をこなしていければよいと思う。

本論　結論

結論　（具体的な事例で根拠を示す）まとめ（公務員としてのやりがいにつなげる）

応用　**例題で練習しよう**

「私が満足感を得る時」／「私が喜びを感じる時」／「私が希望を感じる時」／「私が誇りに思う時」

STEP 2 自己の内面をアピールして書く①

テーマ「最近、感動したこと」

悪い例

日々の中で心動かされるようなことは多々あるが、最近、私が最も感動したのは、祖母の優しさに触れたことである。

昨年、子供の頃から一緒に暮らしていた祖母が体調を崩し、入院することになった。部活動や宿題、試験勉強などに追われていた私は、病院が家から少し離れていることもあって❶面倒に思い、なかなか祖母を見舞いに行こうとしなかった。それでも祖母は、私がたまに病室に行くと、いつもにこにこと笑って迎えてくれた。

私の記憶の中にある祖母は、いつも笑っている。しかし、常に笑顔でい

評価

構成	用法・語法	個性
B	C	B

一般的な話題を避け、あなた以外には書けない自分の祖母の話を題材にしている点は評価できるが、表現の仕方一つでマイナスのイメージを抱かせることがある点は注意しよう。

❶「面倒」「行こうとしなかった」などの後ろ向きな表現は避ける。

❷本当に「仕方のないこと」なのか。思考を放棄しているとも取られかねないので、あえて書かないほうが無難。

❸「〜なればいいのに」で

ることは、簡単なことではない。人というものはなかなか自分の感情を制御することができないものである。❷それは仕方のないことだが、平素にまして、自分が辛い状況にあるときに他人のことを気遣ったり、優しくしたりできる人は少ない。入院中、祖母は薬の副作用もあって、かなり衰弱していたことを、あとから知らされた。祖母がいつも笑顔で迎えてくれたので、私はそのことにまったく気づくことができなかった。祖母は進路に悩んでいた私のことを気遣ってくれさえした。

この経験から、私は本当の優しさというものを知った。自分が苦しい状況にあるときに、人に対してどのような態度をとることができるかに、その人の人間性が現れるのだと思う。苦しい状況にあっても文句一つ言わず、他者への気遣いを忘れなかった祖母の態度に、私は今、大きな感動を覚える。

真の優しさとは、表面的なものではない。私も祖母のように、❸人に優しくできるようになればいいのに、と思う。

は、他人事のように思える。特にここは最後の結論部分でもあり、自分の意志や意見をはっきり書くこと。

良い例

日々の中で心動かされるようなことは多々あるが、最近、私が最も感動したのは、祖母の優しさに触れたことである。

昨年、子供の頃から一緒に暮らしていた祖母が体調を崩し、入院することになった。部活動や宿題、試験勉強などに追われていた私は、病院が家から少し離れていることもあって、なかなか祖母を見舞いに行くことができなかった。それでも祖母は、私がたまに病室に行くと、いつもにこにこと笑って迎えてくれた。

私の記憶の中にある祖母は、いつも笑っている。しかし、常に笑顔でい

ここに注意！

レベルアップ講座

ここがポイント　ネガティブな表現はしない

試験官は作文から書いた人の人となりや性格まで読み取ろうとしている。例え自分が思ったことでも、ネガティブにとられることや不真面目だと思われる表現をすることで人間性をも疑われかねない。

ここがポイント　自分の意見を明確に主張しよう

小論文や作文でチェックされるポイントの一つは、その人なりの意見をきちんと持っているかどうか。「〜だったらいいな」「〜かもしれない」などのあいまいな表現は避けて、「〜したい」「〜と考える」「〜べきだ」など、自分の意見を明確に主張する言い方を心がけよう。

応用　例題で練習しよう

「十年後の私」／「将来の夢」

ることは、簡単なことではない。人というものはなかなか自分の感情を制御することができないものである。平素にまして、自分が辛い状況にあるときに他人のことを気遣ったり、優しくしたりできる人は少ない。入院中、祖母は薬の副作用もあって、かなり衰弱していたことを、あとから知らされた。祖母がいつも笑顔で迎えてくれたので、私はそのことにまったく気づくことができなかった。祖母は進路に悩んでいた私のことを気遣ってくれさえした。

この経験から、私は本当の優しさというものを知った。自分が苦しい状況にあるときに、人に対してどのような態度をとることができるかに、その人の人間性が現れるのだと思う。苦しい状況にあっても文句一つ言わず、他者への気遣いを忘れなかった祖母の態度に、私は今、大きな感動を覚える。

真の優しさとは、表面的なものではない。私も祖母のように、どんなときにも人に優しくできる人間でありたいと思う。

／「公務員として私が挑戦したいこと」／「私が公務員を目指しそうと思った動機について」

テーマ「あなたが人に誇れるもの」

悪い例

❶私は立派な人間ではないので、これといって人に誇れるようなものなど何もない。❶しかし、強いて言うならば、忍耐強さという点に関しては、人に誇っても良い美徳なのではないかと思っている。私はこれまで、どれほど困難なことがあったからといって、何かを途中で投げ出すようなことは❷してこなかったつもりである。どれほど大変なことであっても、最後まで❷やりとおしてきたと思う。私がそうしてきたのは、結果は最後までわからないと思うからである。

こうした考えを持つようになったのは、中学時代の部活での経験が大き

評価

構成	用法・語法	個性
C	C	B

自らの経験を書いたことは評価できるが、断定を避けたり、謙遜したりするのは論旨があいまいになったり、優柔不断な印象を与えるので注意したい。

❶謙虚さをアピールしようとしたのかもしれないが、論作文試験で謙遜する必要はない。言い訳がましく聞こえて、かえって印象を悪くしかねない。

❷自分のやってきたことに対しては、はっきりと言い切ることで強い印象を残せる。

い。私はテニス部に所属していたのだが、部活内での人間関係に悩み、何度か退部することを考えた。だが、途中で辞めるような中途半端なことはしたくないと思い、最後まで続けた。そのうちに、対立していた人物とのわだかまりが解けていき、引退を迎えるころには、お互いのことをかけがえのない仲間と思えるようになっていた。今も親交のあるこのときの部活仲間は、私を支えてくれる大切な存在である。

この中学時代の経験は、現在の私の糧になっている。❶人のことをどうこう言える立場の人間ではないが、❸私は物事を途中で投げ出す人間を好まない。しかし、最近は、❸簡単に物事を投げ出して、自らチャンスを逃してしまう人があまりにも多いのではないかと思う。それでは何も得ることはできないのではないだろうか。どんなに大変なことでも❸最後までやりとおすことで、何かしら得られるものが必ずあるはずである。❹くどくどと同じようなことを語ってしまったが、❸忍耐強く物事をやりとおすこと、これが私の誇りとすることである。

❸「物事を投げ出す」「やりとおす」など同じような表現はなるべく繰り返さないように注意。同じような意味でも別の言葉を探そう。

❹「くどくどと語ってしまった」のような断り文句は不要。簡潔に主張したいことだけを書くこと。

良い例

私が人に誇れることを考えたとき、確かに言えることが一つある。それは忍耐強いということである。私はこれまで、どれほど困難なことがあったからといって、何かを途中で投げ出したりあきらめたりするようなことはしてこなかった。どれほど大変なことであっても、最後までやりとおしてきた。私がそうしてきたのは、結果は最後までわからないと思うからである。

　こうした考えを持つようになったのは、中学時代の部活動での経験が大きい。私は硬式テニス部に所属していたのだが、部活内でのある同級生と

ここに注意！

レベルアップ講座

ここがポイント

はっきりと言い切ることが大事

人と話をするとき、つい「〜だと思うけど」とか「〜じゃないかな」などと断定を避けることがあるが、論作文においてはこれは禁物。何を言いたいのかあいまいになるので、はっきりと言い切るようにしたい。

ここがポイント

論作文に謙遜表現は不要

人間関係において謙遜は美徳だが、論作文には不要。論作文の評価のポイントは、その人の意見や主張がどう表現されているかだということを忘れないようにしよう。

ここがポイント

同じ意味でも別の言葉を探す

短い文章の中で、同じ言葉を繰り返すと、くどい印象を与えるし、文章のリズムが悪くなる。同じような意味でも別

の人間関係に悩み、何度か退部することを考えた。だが、せっかく入ったテニス部を途中で辞めるような中途半端なことはしたくないと思い、最後まで続けた。そのうちに、対立していた人物とのわだかまりが解けていき、引退を迎えるころには、お互いのことをかけがえのない仲間と思えるようになっていた。今も親交のあるこのときの部活仲間は、私を支えてくれる大切な存在である。

この中学時代の経験は、現在の私の生きる糧になっている。私は自分が何かから逃げたり、あきらめたりすることをしないと決めているがゆえに、物事を途中で投げ出す人間を好まない。しかし、最近は、簡単に物事を放り出して、自らチャンスを逃してしまう人があまりにも多いのではないかと思う。それでは何も得ることはできないのではないだろうか。どんなに大変なことでも最後までやり切ることは、人生にとって重要なことであるはずだ。忍耐強く物事をやりとおすこと、これが私の誇りとすることである。

の言葉を探そう。

応用　例題で練習しよう

「私の長所と短所」／「私が一番感謝したい人」／「友人との絆を感じたこと」

テーマ「あなたの失敗した経験と、そこから得たことについて書きなさい」

悪い例

❶「失敗」というが、そもそも何をもって「失敗」というのか、私にはわからない。同じ経験をしたとしても、それを失敗と思う人もいれば、思わない人もいるはずだ。だが、一般的に「失敗」といえる経験というなら、私の場合、高校受験に失敗したことになるだろう。

私は中学時代、吹奏楽部に所属していて、高校でも吹奏楽を続けるつもりでいた。そこで、全国大会にも出場したことがある、吹奏楽では県内で有数の高校を受験することにした。しかし、結果は不合格で、人生で初めてともいえる挫折を味わった。❷今でもなぜ私が不合格となったのか、不思

評価

構成	用法・語法	個性
C	C	B

テーマに対しどのような意見を持っているかを見る試験なのに、テーマそのものに異論をはさむのは見当違い。意見を述べるのはいいが、独りよがりにならないよう注意しよう。

❶設問に対し異論を述べるのは論外。鋭さをアピールしようとしたのかもしれないが、考え違いをしていると見なされるだろう。設問には素直に向き合う姿勢がほしい。

❷感情的にならないよう注意。小論文試験では、冷静に客

議で仕方がない。私よりも劣った人間が合格しているのを見て、非常に不愉快であった。

結局、第二志望の高校に進学することになったのだが、私はそこで素晴らしい友人たちと出会うことができた。彼らとは卒業した今でも頻繁に交流があり、高校時代と変わらず、夢や悩みを打ち明けあう良い関係が続いている。

私は、高校受験には失敗したかもしれないが、その失敗のおかげで、素晴らしい友人たちに巡り合うことができた。つまり、失敗だったのかどうかは、その経験をあとの人生に活かすことができるかどうかで決まるのだと思う。❸すぐに失敗か成功かを判断する人がいるが、それは愚かな者のすることだ。

高校受験に失敗するという経験から私が学んだのは、失敗したと思っていた経験でも、その経験が成功へとつながったら、それは失敗でもなんでもないということである。

観的な視点で論じる姿勢が求められる。

❸人を見下すような表現は慎むこと。尊大な態度はマイナスポイントになる。

良い例

私はこれまでたくさんの失敗をしてきたが、その中で学んだことも多くある。同じ経験をしたとしても、それを失敗と思う人もいれば、思わない人もいるだろうが、私の場合、失敗したことで得るものが大きかったのは、高校受験に失敗した経験ということになるだろう。

私は中学時代、吹奏楽部に所属していて、高校でも吹奏楽を続けるつもりでいた。そこで全国大会にも出場したことがある、吹奏楽では県内で有数の高校を受験することにした。しかし、結果は不合格で、人生で初めてともいえる挫折を味わった。その学校で吹奏楽を続けることは高校生にな

ここに注意！

レベルアップ講座

ここがポイント **テーマには素直に向き合う**

小論文や作文では、与えられたテーマに素直に向き合う姿勢が大切だ。テーマを否定したり難癖をつけたりすることで自分の意見を強く押し出そうとしても逆効果になるだけ。試験の意図が理解できない人間とみられる恐れもある。

ここがポイント **客観的な視点で論じる**

自分が主張したい意見であればあるほど、冷静にまた客観的に論じることを心がけよう。感情的になったり、人を貶めて自分を上に見せようとしたりするような姿勢では、あなたの主張は伝わらない。

応用 **例題で練習しよう**

「あなたがこれまでに最も打ち込んだことについて書きなさい」／「親や恩師などから

ってからの大きな目標だっただけに、不合格と知ったときはとても落胆した。

結局、第二志望の高校に進学することになったのだが、私はそこで素晴らしい友人たちと出会うことができた。彼らとは卒業した今でも頻繁に交流があり、高校時代と変わらず、夢や悩みを打ち明けあう良い関係が続いている。

私は、高校受験には失敗したかもしれないが、その失敗のおかげで、生涯の素晴らしい友人たちに巡り合うことができた。つまり、失敗かどうかは、その経験をあとの人生に活かすことができるかどうかで決まるのだと思う。すぐに失敗か成功かを判断するのは、少しばかり早計であるといえる。

高校受験に失敗するという経験から私が学んだのは、失敗したと思っていた経験でも、その経験が成功へとつながったら、それは失敗でもなんでもないということである。

かけられた最も心に残る言葉について書きなさい」／「自分をステップアップさせた経験について書きなさい」

テーマ「チームワークの大切さについて述べよ」

悪い例

社会人として組織で働くうえで、チームワークは非常に重要である。周囲の人たちとの協力がなければ、良い仕事というものはできないからだ。特に公務員として働くうえでは、職場の同僚とのチームワークは不可欠なものとなるだろう。

公共の施設においては、地域住民が安心して過ごせる環境が第一に確保されなければならない。公務員同士の連携がうまくいかず、トラブルや事故を招いてしまうというケースもないとは言い切れない。また、チームワークが悪ければ、情報やノウハウの伝達も十分に行われず、業務の質が

評価

構成	用法・語法	個性
C	C	B

一方向からしか物事を見ていない印象を受ける。また、自分を大きく見せようと自画自賛したり、あからさまに自分を売り込んだりする表現も評価されない。

❶ 個人プレーは絶対的に悪であるという一方的な意見は、視野の狭さを感じさせる。

❷ 自画自賛は自己認識が甘いと思われる。客観的な視点を持つことが大事。

❸ 露骨に自分を持ち上げるのは印象がよくない。ここで

低下してしまう心配もある。

このように、チームワークは公務員にとってとても重要なものであるが、そのチームワークを維持するうえで必要不可欠なのが協調性であると考える。その集団の中に協調性のない人間が一人いるだけで、チームワークは乱れてしまう。❶私は、どんなときでもチームワークを最優先にしていかなければならないと考えている。特に仕事においては、個人プレーはチームワークを乱す元であり、絶対に避けなければならない行為だ。

その点において、❷私という人間は、個人プレーに走ることもなく、穏やかで人に好印象をもたれやすいと思われる。それに加えて、私は、どんなときにも協調性を忘れずにいる自信がある。私は学生時代に所属していた野球部でも、またクラスにおいても、集団の和を乱したことは一度もない。❸チームワークが必要となる公務員としては、最適の人材なのではないだろうか。

はチームワークのために自分のするべきことなどを書くようにしたい。

良い例

社会人として組織で働くうえで、チームワークは非常に重要である。周囲の人たちとの協力がなければ、良い仕事というものはできないからだ。特に公務員として働くうえでは、職場の同僚とのチームワークは不可欠なものとなるだろう。

公共の施設においては、地域住民が安心して過ごせる環境が第一に確保されなければならない。公務員同士の連携がうまくいかず、トラブルや事故を招いてしまうというケースもないとは言い切れない。また、チームワークが悪ければ、情報やノウハウの伝達も十分に行われず、業務の質が低

ここに注意！

レベルアップ講座

ここがポイント

一方向からの意見は避ける

世の中には右の意見があれば、必ず左の意見を持つ人もいる。論作文の中で意見を述べるときは、一方向からだけの見方で論じないで、必ずもう一つの見方もあることを示そう。

ここがポイント

自己分析は客観的に

自らのことを書くのは難しいものである。自分を売り込みたい気持ちが勝って自画自賛に走ったり、あからさまに自分の良さをアピールするのは逆効果。自己分析を書くときは、客観的な視点を忘れずに。

応用

例題で練習しよう

「社会人にとって最も大切なことは何かについて述べよ」／「あなたが公務員として社会に貢献できると思うことについて述べよ」／「これまで

下してしまう心配もある。

このように、チームワークは公務員にとってとても重要なものであるが、そのチームワークを維持するうえで必要不可欠なのが協調性であると考える。その集団の中に協調性のない人間が一人いるだけで、チームワークは乱れてしまう。私は、チームワークを維持するためには、独りよがりな行動は控えるべきだと考える。個人プレーが必要な場面もあるだろうが、自分勝手な個人プレーはチームワークを乱すものであり、避けるべき行為だ。

結局、協調性とは、周囲への気遣いができるかどうかという点にかかわってくると私は考えている。私は、学生時代に所属していた野球部でも、またクラスにおいても、むやみに集団の和を乱すことのないように、周囲の人間に対する配慮を忘れないように心がけてきた。地域住民のためになる良いチームワークを維持できるよう、今後も周囲への気遣いを忘れずにいたいと思う。

「あなたが勇気をもってチャレンジしたことについて述べよ」

テーマ「ボランティア活動について述べよ」

悪い例

　ボランティア活動に励むことはすばらしいことである。ボランティアの根底にあるのは、助け合いの精神である。❶だれかを助けたい、だれかの役に立ちたいという精神は、崇高なものであると考える。

　最近は助け合いの精神がなくなってきているともいわれているが、平成二十三年の東日本大震災のとき、被災地である東北地方に、多くのボランティアがかけつけた。中には、準備不足だったり何をしたらよいのかわからなかったりという人もいて、かえって被災者に迷惑をかけてしまったこともあったということだが、私は、❷それでもだれかを助けたい、だれかの

評価

構成	用法・語法	個性
B	B	C

論作文で問われる、内容のユニークさや客観性などの視点に足りない部分が見受けられる。一方向の意見に終始せず問題点を提起をすることで論旨をはっきりさせることも重要。

❶ボランティアを無条件で賞賛していて見方が一方的。問題提起をすることで、論文全体の論旨が明確になると同時に、より深みのある文章構造にできる。

❷ボランティアすること自体を目的とするような姿勢を肯定しているのは問題。物

役に立ちたいという思いで行動したことは、それだけですばらしいことだったと思う。そしてその崇高な精神の在り方は、相手にも必ず伝わったはずだ。❶ボランティア活動は、する側もされる側も、幸せになる行為である。ボランティア活動に対して単位認定を行ったり、課外活動などに組み込んだりしている学校もあるが、こういったことが盛んになるのは良い傾向だと❸私は考えている。ボランティア活動に対する関心を高め、そのすそ野を広げることになるばかりでなく、活動に参加することで満足感や達成感を得られるに違いないからだ。❸人間は一人では生きられない。だれもがだれかに助けられながら生きている。人の役に立ち、人を助けていることを実感できるボランティア活動は、いわば生きる喜びを実感させてくれる活動でもある。

事を客観的に判断する分析的な視点がほしい。

❸きれいごとを並べている印象。道徳を説くだけでは何かを論じていることにならない。自分オリジナルの考えを書くこと。

良い例

ボランティア活動に励むことはすばらしいことである。ボランティアの根底にあるのは、助け合いの精神であるからだ。しかし、近ごろはボランティアをすること自体が目的となってしまっていて、その本質を見失っている状況があるのではないだろうか。

最近は助け合いの精神がなくなってきているともいわれているが、平成二十三年の東日本大震災のとき、被災地である東北地方に、多くのボランティアがかけつけた。中には、準備不足だったり何をしたらよいのかわからなかったりという人もいて、かえって被災者に迷惑をかけてしまったこ

ここに注意！

レベルアップ講座

ここがポイント　問題提起できる視点と知識を

物事を一方向から判断するだけではなく、そこに潜んでいる問題点や改善点などを提起できる視点と知識を身につけよう。問題意識を持ったうえで書かれた文章は、より深みが増し、説得力を持つ。

ここがポイント　素朴でも自分の考えを論じるのが大事

テレビやネットなどでよく見かけるような、いわゆる一般論を書くだけでは、その人がどんな考えをもっているのかが試験官には伝わらない。素朴な意見でもいいので自分の意見を論じることが重要。

応用　例題で練習しよう

「地方自治体におけるドローンの活用法についてを述べよ」／「自治体が美術館や博物館を持つことの意義につい

ともあったということだ。悲惨な状況の中で困っている人を助けたい、少しでも役に立ちたいという思いで行動したことは意義のあることだが、現場の状況を見極めなければ自己満足に終わってしまう恐れもある。ボランティア活動にはその現場、現場で、ある程度の知識や技術、経験が必要である。

現在、ボランティア活動に対して単位認定を行ったり、課外活動などに組み込んだりしている学校もあるが、本来、無償の行為とされるボランティア活動が、何かの対価を得るための活動になってしまっていることに、懸念を抱かざるを得ない。もし学校やさまざまな団体がボランティア活動を奨励するのであれば、まずは事前に派遣先で必要となる知識や技術を習得させるべきだと考える。現場で役に立たなければ、ボランティア活動は意味がない。そして、役に立つことではじめて、ボランティアをする側もされる側も、喜びを感じることができるのではないだろうか。

て述べよ」

テーマ「十年後の私」

悪い例

今から十年後というと、私は二十八歳になっている。❶そのころには、周囲の人から年齢を聞かれて答えたとき、「実際の年齢よりも年上に見えるね」と言われるようになっていたい。それは、若々しさや、はつらつさに欠けているということではなく、二十代とは思えないような豊かな知識と頼りがいのある、落ち着きを持った公務員になっていたいからである。

私は童顔で小柄なため、これまで実際の年齢よりも若く見られることが多かった。しかし、それは単純に見た目の問題だけではなく、私の態度や言葉づかいからくるものだったかもしれない。地域住民から信頼される公

評価

構成	用法・語法	個性
B	B	C

全体に無難な印象だが、逆にユニークな意見や斬新さは感じられない。また、抽象的な意見が多いため全体に漠然とした印象になってしまっている。

❶ 当り前の表現になってしまっている。特に導入部では、読み手が思わず引き込まれるような表現や展開を心がけよう。

❷ 特に最初の行の内容が漠然とし過ぎている。具体的な例を挙げて、それがどう自分にプラスになるのかを説

務員となるためには、若さが不安に映ることのないよう、落ち着いた物腰で応対しなければならないと思う。そのためには、それぞれの人の立場を考えて物事を迅速に判断できるよう、広い知識を有することが大切だと私は考える。

❷また、私は仕事ばかりでなく、プライベートな面でもいろいろなことに挑戦し、そこで経験したことを身につけていきたいと思っている。そうすることで、社会とのかかわりもより密接となり、知識だけでなく経験から、多面的なとらえ方が可能になるのではないかと考えているためである。

十年後、仕事もプライベートも充実させて、毎日を生き生きと過ごすことができるよう、これから日々いろいろなことを吸収していきたい。そして自分だけでなく、すべての県民が生き生きと明るく過ごせるよう、貢献していきたい。

明する次からの文章につなげたい。

良い例

今から十年後というと、私は二十八歳になっている。そのころには、周囲の人から年齢を聞かれて答えたとき、「えっ!? その年で貫禄あるよね」とか「ちょっと老けて見えるよね」などと言われるようになりたい。それは、もちろん若々しさや、はつらつさに欠けているということではなく、二十代とは思えないような豊かな知識と頼りがいのある、落ち着きを持った公務員になっていたいからである。

私は童顔で小柄なため、これまで実際の年齢よりも若く見られることが多かった。しかし、それは単純に見た目の問題だけではなく、私の態度や

ここに注意！

レベルアップ講座

ここがポイント　冒頭の書き方に注意しよう

奇をてらう必要はないが、平凡な書き方では、たくさんの論作文を読む試験官の印象に残らない。特に導入部は読み手が読みたくなるような斬新な書き方を工夫しよう。

ここがポイント　具体的に書く習慣を

漠然とした意見や抽象的な言葉を使った表現は、考えが伝わりにくい。できるだけ具体例を挙げることで論旨を明確にすることができる。

応用　例題で練習しよう

「私が仕事で成し遂げたいこと」／「これからの公務員に必要なこと」

言葉づかいからくるものだったかもしれない。地域住民から信頼される公務員となるためには、若さが不安に映ることのないよう、落ち着いた物腰で応対しなければならないと思う。そのためには、それぞれの人の立場を考えて物事を迅速に判断できるよう、広い知識を有することが大切だと私は考える。

また、私は今、一人暮らしをしているが、できるだけ早い時期にパートナーを持ち、十年後には、親や子供も含めて大家族で暮らしたいと思っている。そうすることで、社会とのかかわりもより密接となり、知識だけでなく実際の経験から、物事をより多面的にとらえることが可能になるのではないかと考えているからである。

十年後、仕事もプライベートも充実させて、毎日を生き生きと過ごすことができるよう、これから日々いろいろなことを吸収していきたい。そして自分だけでなく、すべての県民が生き生きと明るく過ごせるよう、貢献していきたい。

テーマ「『自分を高めるために努力していること』について述べよ」

悪い例

❶「自分を高める」とは、いったいどのようなことを指すのだろうか。私は、❷何かを成し遂げたときに人間は充実感を得られるものであり、それが自分を高めることに❷つながるのではないかと考えている。したがって私は、自分を高めるためには、日々何かを続けていくことが効果的だと考える。「何か」は、小さなことであっても大きなことであっても良いと思う。❷大きなことを成し遂げたとき、確かに人間は成長して自己が充実していくと思うが、たとえどんな小さなことであっても、続けていった先に達成感があれば、それも自己の成長と充実に❷つながるのではないだろうか。大きな

評価

構成	用法・語法	個性
C	B	C

冒頭の書き方や結論部分の主張など、最初から最後まで平凡で多くの論作文を読む試験官の印象に残りにくく、損をしている。目にとまる表現を工夫しよう。

❶ テーマをそのまま疑問文にして話を始めるのは、オーソドックスではあるが、印象に残らない。

❷「成し遂げる」「つながる」など、同じような言い回しが何度も出てくる。同じ内容でも別の表現を考えること。

ことでなくても、毎日コツコツと続けたことの蓄積は、確実に自分自身の糧となり、自信へとつながっていくはずであると私は考えている。

しかし、日々何かを続けることは、簡単なようでいてなかなか困難なことである。だからこそ、それを成し遂げることができたなら、自分を高めるという結果につながるのではないだろうか。

そこで、自分を高めるために私が今、努力しているのが、毎日運動をするということである。体を鍛えられるうえに、今後、デスクワーク中心の事務職についたとしても、運動不足を解消することができる。さらに、毎日数キロメートル走るということを続けていけば、肉体も変化していき、必ず自己の充実につながるはずだと思っている。私は、今後もこの計画にのっとって、毎日のジョギングを日課にしていきたいと思っている。

❸ 結論で述べる内容が平凡で、高得点は期待できない。自分が実践している中で、よりアピールできそうな事柄を考えよう。

良い例

何かを成し遂げたとき、人間は充実感を得られるものである。私はそれが自分を高めることにつながるのではないかと考えている。したがって自分を高めるためには、日々何か自分にできることを続けていくことが効果的だと考える。

その「何か」は、小さなことであっても大きなことであっても良いと思う。大きな成果をだすことができたとき、確かに人間は成長して自己が充実していくと思うが、たとえどのような小さなことであっても、続けていった先に達成感があれば、自己の成長を実感させてくれるはずである。大

ここに注意！

レベルアップ講座

ここがポイント 構成にも気を配ろう

論作文の構成は、起承結転で書くのがセオリーの一つだが、その中でも表現方法は工夫したい。冒頭の一行に例えば偉人の名言を持ってくるなど、読み手が思わず引き込まれるような書き方を考えよう。

ここがポイント 日ごろから頭を柔軟に

論作文の試験では、論理的な思考の他にその人がどれだけ柔軟な頭でアイデアを出せるかなども見られている。アイデアは急には出てこない。日頃から何か面白いことはないかと考えるくせをつけよう。

ここがポイント 同じ意味でも別の言葉を探す

短い文章の中で、同じ言葉を繰り返すと、くどい印象を与えるし、文章のリズムが悪くなる。同じような意味でも別

きなことでなくても、毎日コツコツと続けたことの蓄積は、確実に自分自身の糧となり、自信となっていくはずであると私は考えている。

日々何かを続けることは、簡単なようでいてなかなか困難なことだ。しかしだからこそ、最後まであきらめないことが大切だ。このことを忘れずにいようと思う。

そこで、自分を高めるために私が今、努力しているのが、毎日「未来日記」をつけることである。「こうありたい」と思う未来の自分を想像して、それをノートに記すのである。私は、この「未来日記」をつけるようになってから、今の自分に足りないものに気づくことができるようになり、理想の自分に近づくためには何をしなければならないのかがはっきりわかるようになった。私は、「未来日記」をつけることで、これからも自らを磨く努力をしていきたいと考えている。

の言葉を探そう。

応用　**例題で練習しよう**

「コロナ禍の間、お家時間をどう過ごしたかについて書きなさい」／「ピンチをチャンスに変える、あなたなりの方法を述べよ」

テーマ「私の考える環境対策」

悪い例

環境対策と聞いて、まっさきに思い浮かぶのは、地球温暖化の問題である。このまま地球温暖化が進むと、❶さまざまな問題が生じるといわれている。地球温暖化の原因となっているのは、温室効果ガスである。温室効果ガスの排出を抑えることが、地球温暖化対策において急務となっている。

温室効果ガスの排出量削減については、世界各国で取り組む必要がある。❷地球温暖化は一国だけの問題ではなく、まさに地球規模で取り組むべき問題である。そうでなければ、地球温暖化の進行を食い止めることはできない。では、私個人としては、地球温暖化の抑制のために何ができるのだろうか。温室効果ガスのうち、大きな割合を占めているのが二酸化炭素であ

評価

構成	用法・語法	個性
B	C	C

地球温暖化対策について、結論を自身の取り組みにつなげる構成はよい。しかし、問題の具体例や世界の動向などには触れておらず、時事問題に対する知識の薄さが露呈してしまった。

❶「さまざまな問題」とは、どのような問題なのかを示す。

❷地球規模の取り組みについて論じるなら、地球温暖化の課題に向き合う世界の動きを盛り込みたい。

❸説明が回りくどい。リデュ

る。ふだんの暮らしの中では、ゴミを処理するときや冷暖房を使用したときに二酸化炭素が排出される。自動車の排気ガスにも二酸化炭素は含まれている。

そこで、二酸化炭素の排出抑制対策として、❸ゴミを減らすために、ゴミとなるものは買わない習慣を身につけることや、再利用を心がけて実践していくことが必要となる。私は、できる限りそれを実行するようにしている。具体的には、服や雑誌などを古着屋や古本屋に売る、リサイクルできるビンや缶に入った食料品を買う、過剰な包装は断る、エコバッグやマイ箸を持参する、などを続けている。継続してゴミを減らすことを意識して日々行動することで、ゴミの削減を目指していきたい。さらに、自転車や公共の交通機関を利用したり、クールビズや節電を心がけたりするなどして、二酸化炭素排出量削減という点から自らの行動を一つひとつ吟味し、地球温暖化の防止のためにできることを実行していきたい。

ース、リユース、リサイクルなど環境にまつわる用語を使うことで、知識をアピールしたい。

良い例

環境対策と聞いて、まっさきに思い浮かぶのは、地球温暖化の問題である。大気や海洋の温度は年々確実に上昇しており、異常気象や海面の上昇、干ばつを引き起こすなど、世界中の自然や暮らしへ与える影響が危惧されている。地球温暖化の原因である温室効果ガス、中でもその大部分を占める二酸化炭素の排出量を抑えることが、地球温暖化対策において急務となっている。

温室効果ガスの排出量削減については「パリ協定」に従って世界各国で取り組む必要がある。我が国も二〇五〇年までにカーボンニュートラルを目指すことを宣言している。では、私個人としては、脱炭素社会実現のた

解答例から学ぶ

レベルアップ講座

ここがポイント

課題と対策は具体的に述べる

5W1H（いつ、誰が、どこで、何を、なぜ、どのように）がはっきりした文章を書くようにしたい。問題の本質は何で、その課題に対して誰がどのような対策をとっているかを示したうえで、自分の考察を述べる。

ここがポイント

時事問題では知識が問われる

温暖化問題を地球規模で論じる場合、二〇一五年に国連気候変動枠組条約締約国会議（COP21）で採択された「パリ協定」など、問題に向き合う現在の世界の大きな動きにも触れておきたい。また、テーマにより国や民間企業、地方行政などの最新の実例も挙げることで論拠に説得力が増す。ぼんやりした内容だと知識の浅さが見えてしまうので注意したい。

めに何ができるのだろうか。ふだんの暮らしの中でも、ゴミを処理するときや冷暖房を使用したときなど二酸化炭素が排出され、自動車の排気ガスにも二酸化炭素は含まれている。

そこで、二酸化炭素の排出抑制対策として挙げられるのが、※リデュース、リユース、リサイクルの3Rだが、それを実践していくことは有効である。私も、その3Rをできる限り実行するようにしている。具体的には、服や雑誌などを古着屋や古本屋に売る、リサイクルできるビンや缶に入った食料品を買う、過剰な包装は断る、エコバッグやマイ箸を持参する、などを続けている。継続してゴミを減らすことを意識して日々行動することで、ゴミの削減を目指していきたい。さらに、自転車や公共の交通機関を利用したり、クールビズや節電を心がけたりするなどして、二酸化炭素排出量削減という点から自らの行動を一つひとつ吟味し、地球温暖化の防止のためにできることを実行していきたい。

ここがポイント

テーマに沿った最新用語を採り入れる

※「脱炭素社会」「3R」(リデュース(発生を減らす)、リユース(再利用)、リサイクル(再資源化))など、テーマに沿った用語を積極的に使うことで、知識のアピールにもなり、表現を簡潔にすることができる。

応用

例題で練習しよう

「環境を考えたこれからの生活と社会」／「私が考えるSDGs」／「SDGsの観点から考えた○○市の課題」／「○○県がSDGsの目標を達成するために取り組むべきこと」／「再生可能エネルギーを活用した町づくりとは？」

テーマ「少子高齢化社会において地域が活力を維持していくための方策について、あなたの考えを述べなさい」

悪い例

少子高齢化は日本にとって大きな課題である。❶高齢化率は高くなる一方であり、超高齢化社会に突入するのもそう遠くないだろう。また、女性一人あたりが一生の間に産む子どもの数も、欧米諸国に比べ低くなっていると聞く。❷これによって世代別人口のバランスが崩れ、生産力の減少や、社会保険費の負担の増加が問題となっている。❷こうした社会では、若い世代は都市に流出しやすくなるため、地域の活力を生む生産力の維持は難しい。私は、女性や高齢者が支えられる側ではなく、地域を支える生産力となり、生きがいを感じられる社会づくりが必要だと考えている。

先日テレビで、ある地域の取り組みが紹介されていた。高齢者が集まっ

評価

構成	用法・語法	個性
B	C	B

地域活性化に向けて、女性や高齢者の生産力の活用と帰属意識を高めるという論旨は良いが、事実関係の誤認や自分で考えた具体的な方策が述べられておらず、説得力が乏しい。

❶ 事実関係の誤認。二〇〇七年には既に高齢化率が二十一%を超え、超高齢社会となっている。

❷「この」「これ」「こうした」など、前後する文で「こ・そ・あ・ど」言葉が頻出すると文章全体が分かりづらくなる。

て地域の特産品などの農産物を育て、古民家を改装したレストランで調理して出しているというものだった。❷これは、高齢者が主体的な生産力となっていて画期的だと思う。また❷こうした特産物を紹介することは、地域のブランドづくりという観点からも、とても意義のある取り組みだと感じる。❷こうした魅力ある地域の特色を出すことで、若い世代にとっても、地域への認識が変わり帰属意識が高まるのではないだろうか。

また、私は子育て中であっても、人の役に立ち、社会に貢献できる仕事をしていたいと思う。女性の社会進出が少子化を進めるといわれているが、果たしてそうだろうか。❸この前提に疑問を投げかける姿勢が、地域を活性化し、その活力を維持することにつながっていくのではないかと感じる。

少子高齢化社会において、地域が活力を維持していくためには、女性や高齢者が働ける環境を支援し、地域に根差した特色あるブランドを発信するなどして、若い世代の地域への帰属意識を養うことが大切であろう。

❸「疑問を投げかける姿勢」とは具体的にどのようなことをすれば良いのか、自分の考えを述べていない。

良い例

少子高齢化は日本にとって大きな課題である。二〇二二年の高齢化率は約二十九％、合計特殊出生率も一・二六と、日本は既に超高齢かつ超低出生率国である。これによって世代別人口のバランスが崩れ、生産力の減少や、社会保険費の負担の増加が問題となっている。このような社会では、若い世代は都市に流出しやすくなるため、地域の活力を生む生産力の維持は難しい。私は、女性や高齢者が支えられる側ではなく、地域を支える生産力となり、生きがいを感じられる社会づくりが必要だと考えている。

先日テレビで、ある地域の取り組みが紹介されていた。高齢者が集まって地域の特産品などの農産物を育て、古民家を改装したレストランで調理

序論

解答例から学ぶ

レベルアップ講座

ここがポイント

時事問題では、論拠となる正確な数値を

知識としてアピールする場合、官公庁の発表資料などから、裏付けとなる正確な年や数値のデータを盛り込み、具体的に述べたい。

ここがポイント

こ・そ・あ・ど言葉の使いすぎに注意！

前後する文で「この」「これ」「こうした」など「こ・そ・あ・ど」言葉を多用せずに、指し示す内容を別の言葉に置き換えて明確に書けば、文章全体が分かりやすくなる。また、「こんな」「こうした」より「このような」のほうが文章表現としては丁寧な言い回しとなる。話し言葉にならないように注意する。

ここがポイント

メディアの情報は良い具体例になる

テレビや新聞などメディアから得た情報を時事問題に結び

して提供しているというものだった。高齢者が主体的な生産力となっていていることは画期的であり、またその土地ならではの特産物を紹介することは、地域のブランドづくりという観点からも、とても意義のある取り組みだと感じる。地域が持つ豊かな特色を打ち出すことで、若い世代にとっても、地域への認識が変わり帰属意識が高まるのではないだろうか。

また、私は子育て中であっても、社会に貢献できる仕事をしていたい。近年の先進国の調査では、女性の労働力率が高い国ほど出生率も高い傾向にある。子育て世代が安心して子どもを預けられる場所があれば、育児と仕事の両立はしやすくなる。地域社会が託児所や学童などの子育てを支援する環境を整えることで、生産力の確保と少子化対策の両立が可能となる。

少子高齢化社会において、地域が活力を維持していくためには、女性や高齢者が働ける環境を支援し、地域に根差した特色あるブランドを発信するなどして、若い世代の地域への帰属意識を養うことが大切であろう。

本論　結論

つけるのは、オーソドックスな手法であるが、結論にしっかりとつなげられれば、良い具体例となる。

ここで差がつく　構成を見直してみよう

序論　**少子高齢化社会の現状の把握**
↓社会保険料の負担増加、生産力の低下につながる。

本論　**高齢者の生産力に注目**
↓地域の特性を生かすことで、若い世代の認識変化。子育て支援で女性の労働力率をあげる。

結論　**地域社会のあり方**
↓高齢者や女性の働く環境を支援し、地域の活性化を目指す。

応用　例題で練習しよう

「これからの子育て支援」／「移住者支援の課題と解決策」／「あなたの考える今後のインバウンド戦略」

テーマ「あなたが最近関心を持った社会問題について」

悪い例

私が最近関心を持ったのは、高度情報化社会が抱えている問題である。インターネットの世界では、その匿名性ゆえに誹謗中傷や犯罪行為の温床となっており、個人情報の流出などの事件も多発している。また、子どもたちを有害な情報からどのように守るのかという問題もある。❶何を信じていいかわからないほどの情報があふれているのが、高度情報化社会である。

まず、私たちは世の中に氾濫している多くの情報について、正しい情報と誤った情報があるということを知らなければならない。そして、そのうえで自分に❷必要な情報を選択していかなければならない。情報が過剰になっている高度情報化社会において、❷必要となってくるのは、インターネッ

評価

構成	用法・語法	個性
C	C	B

「情報を適切に使いこなす能力が必要」という同じ内容の繰り返しが目立つ。情報化社会の定義やメリット、デメリットなどの例を挙げながら論じないと、主張が希薄になる。

❶ テーマの定義があいまい。

❷ 一つの文中や前後する文で、「必要」が頻出している。

❸ 「ネットリテラシー」「メディアリテラシー」など、情報化社会を語るうえでのキーワードとなる用語を使いたい。

ト上の情報の真偽を判断したうえで❷必要な情報を取捨選択し、活用していく能力である。つまり、❸情報を使いこなす能力が❷必要となるのである。

そのためには、情報教育が❷必要となる。❹情報教育は、情報を使いこなす能力を獲得するうえで重要な取り組みである。情報教育を通じて情報モラルを育み、有害情報への対応などについて学んでいくべきである。政府も❺さまざまな法律を制定するなどして取り組みを進めているが、インターネット上の事件や有害情報から身を守るためには、情報と向き合い、情報を適切に活用できる能力を自分自身が身につける❷必要がある。

情報というものは本来、私たちの❻暮らしを豊かにするはずのものである。インターネットの普及によって、私たちはいろいろなことができるようになった。❻高度情報化社会の到来には、メリットもあるのである。高度情報化社会をより豊かに生きていくために、私たちは❸情報を使いこなす能力を獲得していかねばならない。

---

❹社会における情報教育の現状にも触れたい。

❺「さまざまな法律」ではなく、制定された具体的な法律を入れる。

❻情報化社会の具体的なメリットが書かれていない。

良い例

私が最近関心を持ったのは、高度情報化社会が抱えている問題である。インターネットの世界では、その匿名性ゆえに誹謗中傷や犯罪行為の温床となっており、個人情報の流出などの事件も多発している。また、子どもたちを有害な情報からどのように守るのかという問題もある。高度情報化社会の現在、インターネットの情報との向き合い方が問われている。

まず、私たちは世の中に氾濫している多くの情報について、正しい情報と誤った情報があるということを知らなければならない。そして、そのうえで自分に必要な情報を選択していかなければならない。情報が過剰になっている高度情報化社会において求められるのは、インターネット上の情

解答例から学ぶ

レベルアップ講座

ここがポイント

序論ではこれから何を述べていくのか明確に

序論では、これから何を述べていくのかの話題を明確に提示する。テーマの定義があいまいだと、次の文章への展開がぼやけて、結論で訴えたいことが弱まる。

ここがポイント

同じ言葉ばかりを繰り返さない

一つの文中や前後する文章で、同じ言葉を連続して使用することは、文章がたどたどしくなるので避ける。同義語を使った別の表現にすることを心がけたい。

ここがポイント

時事問題ではキーワードが大切

「ネットリテラシー」「メディアリテラシー」など、行政の公式文書や報道などで、近年使われるようになった用語は、テーマのキーワードとなることが多い。

報の真偽を判断したうえで適切な情報を取捨選択し、活用していく能力である。つまり、ネットリテラシーが必要となるのである。

そのためには、情報教育が欠かせない。小学校学習指導要領でも情報活用能力を「学習の基盤となる資質・能力」と位置づけているように、情報教育を通じて情報モラルを育み、有害情報への対応などについて学んでいくべきである。不正アクセス禁止法や個人情報保護法などの法律も制定されているが、高度情報化社会では、ネットリテラシーの不足により自分が被害者にも加害者にもなる可能性がある。

情報というものは本来、私たちの暮らしを豊かにするはずのものである。インターネットの普及によって、データでの情報のやり取りが増え、省資源につながっている。また、在宅ワークや電子商取引など、受けられる恩恵も大きい。高度情報化社会をより豊かに生きていくために、私たちはネットリテラシーを獲得していかねばならない。

ここがポイント
一般常識として知っておきたい法律

教育分野では学習指導要領の概要、また、分野に限らず、近年制定され、報道などで広く注目された主要な法律は、一般常識として知っておきたい。社会の状況を語るうえで、具体例として挙げると、論旨に奥行きが出る。

ここがポイント
例を挙げる場合は特殊な例だけにしない

一つの事柄に対し、デメリットとメリット双方を書く。また、その例を具体的に述べる。多くの人が納得できる実例を複数並べると良い。

応用
例題で練習しよう

「過疎地域でITをどう活かすか」／「ICT（IOT、AI）の活用について」

テーマ「公務員として『働く』ことについて、考えを述べよ」

悪い例

公務員という職種は、❶いずれは家事や育児などと仕事を両立していく可能性が高い人にとっては、理想的だといわれている。しかし、一般企業に勤める人の現状は、公務員のそれとはだいぶかけはなれている。

企業で働く者は、時間に追われている。終身雇用制が揺らぎ雇用不安が増している現在、正社員であっても長時間労働を強いられている。もし家事や育児・子育て・介護などに割ける時間を十分に確保しようとするなら、仕事を辞めるか、パートタイム労働者になるしか選択肢はないというのが、現在の日本の現状なのではないだろうか。しかし、アルバイトや派遣社員などのパートタイム労働者は「派遣切り」という言葉に象徴されるように、

評価

構成	用法・語法	個性
C	B	C

全体を通して具体的な例の提示がほぼなされていない点には注意が必要。自分の考えについても具体性のある提案がないため、考えの浅さが露呈してしまっている。

❶ 公務員のどういった点が理想的なのか、具体的に示しておく。

❷ どのような取り組みをする必要があるのかについて具体例を示すことで、問題について真剣に考えていることをアピールする。

雇用の安定が図られているとはいいがたい。仕事と生活の両立のために必要とされているのは、❷官民一体となって取り組みを進めていくことである。政府と企業とが、仕事と生活を両立することができるように取り計らっていかなければ、仕事と生活の両立を実現させることは難しい。そのために、政府もさまざまな法案を策定し、仕事と生活の調和の実現のために、社会全体で取り組むこととなった。

このように、企業で働く者が仕事と生活を両立させていくためには、今後も官民一体となった取り組みを続けていくことが欠かせないと私は考える。この問題に限らず、❸公務員として働くからには、何事にも常に高い意識を持つことが求められているのではないだろうか。自分の生活が安定していればそれでよいというのでは公務員は務まらないし、相次ぐ不祥事もそういう気持ちから生まれるのであろう。地域住民の健全な毎日の手助けを、相手の立場に立ってできる公務員を目指して働きたいと私は考える。

---

❸漠然としすぎており、説得力に欠ける。テーマをよく考え、公務員として働く姿勢について具体的に述べることが必要。

良い例

公務員という職種は、収入が安定していて保障も厚く、いずれは家事や育児などと仕事を両立していく可能性が高い人にとっては、理想的だといわれている。しかし、一般企業に勤める人の現状は、公務員のそれとはだいぶかけはなれている。

企業で働く者は、時間に追われている。終身雇用制が揺らぎ雇用不安が増している現在、もし家事や育児・子育て・介護などの時間を十分に確保しようとするなら、退職するか、パートタイム労働者になるしか選択肢はないというのが、日本の現状ではないだろうか。しかし、アルバイトや派遣社員などのパートタイム労働者は「派遣切り」という言葉に象徴される

序論

解答例から学ぶ

レベルアップ講座

ここがポイント　公務員と企業労働者の違いを明示

仕事と生活の両立の面から考察し、公務員と企業労働者の差異を具体的に示すことで、文章に説得力が生まれる。そのうえで、どのような環境を作る必要があるのかといった意見を提示することで、提案に興味を持たせることができる。

ここがポイント　曖昧な表現はマイナスに作用する

曖昧で具体性に欠ける文章は、提案に対する興味や信頼感にマイナスに作用する。具体的な事実の積み重ねこそが文章に説得力を持たせる根幹であることを肝に銘じたい。

ここがポイント　文章の構成を意識することが重要

「序論・本論・結論」の構成を意識することで、文意が明確に伝わりやすくなる。各パー

ように、雇用の安定が図られているとはいいがたい。仕事と生活の両立のためには、労働時間の短縮や育児・介護休暇制度の整備、多様な働き方を可能とするような環境の構築などが求められている。そのために、平成十九年に「仕事と生活の調和（ワーク・ライフ・バランス）憲章」と「仕事と生活の調和推進のための行動指針」が策定され、仕事と生活の調和の実現のために社会全体で取り組むこととなったことは、非常に喜ばしい。

企業で働く者が仕事と生活を両立させていくためには、今後も官民一体となった取り組みを続けていくことが欠かせないと私は考える。この問題に限らず、公務員として働くからには、民間に蔓延する問題についても、公務員一人ひとりが把握し、その解決に向けて貢献することが求められているのではないだろうか。自分の生活が安定していればそれでよいというのでは公務員は務まらない。地域住民の健全な毎日の手助けを、相手の立場に立ってできるような公務員を目指して働きたいと私は考える。

本論　　結論

トの役割を考え、必要な主張やデータを加えて、より説得力のある論作文をまとめよう。

ここで差がつく　**構成を見直してみよう**

序論　**公務員と一般企業の状況確認**
↓公務員は収入が安定し、保障が厚い。

本論　**終身雇用制が揺らぎ雇用不安の現状**
↓労働時間の短縮や育児・介護休暇の整備などが求められている。

結論　**官民一体の取り組み**
↓地域住民の健全な毎日を手助けする公務員を目指す。

応用　**例題で練習しよう**

「今求められている公務員改革とは」／「少子高齢化時代の公共サービスのあり方」／「QOLの向上と働き方改革の問題点」

テーマ「あなたの思う公務員像」

悪い例

公務員とは「公僕《こうぼく》」であり、そうであるからには、すべての市民のために公平に奉仕しなければならない。しかし、この「公平に」というのが❶非常に厄介である。このあいまいな定義にしばられすぎるせいか、公務員は少し柔軟性に欠けるところがあるように思われてならない。

これからの公務員には、❷ときにはルールを破るくらいの柔軟さも必要なのではないか。変化が激しく、ライフスタイルが多様化している現在、これまでのマニュアルどおりに、すべての人に同じように対応していたのでは、市民が望む行政サービスを提供することは、いつまでたってもできないと思われる。公務員は、市民一人ひとりの利益を第一に優先して行動す

評価

構成	用法・語法	個性
B	C	B

言葉選びが過激なため読み手にインパクトは与えるが、公務員にふさわしい文章とはいえない。具体的な例や論拠がないため、読み手に不快感を与える文章となっている。

❶「厄介」「面倒」など、読み手にマイナスなイメージを抱かせる言葉の使用は避けるべきである。

❷法令に従う義務のある公務員に対してルールを破ることを推奨するのは、あまりにも型破りな提言と言わざるを得ない。

べきであると私は考えている。個々の実情に応じて、臨機応変に対応できるような公務員が、今の時代には求められているのではないだろうか。

したがって、私は、自ら考え自ら行動することのできる人間こそが、市民に求められている「公務員像」なのではないかと考える。公的な機関にはいろいろな決まりごとや制約があり、それはもちろん、公の利益やシステムの円滑な運用を考えれば必要不可欠なことではあるが、それをひたすら遵守するのは公僕というより下僕である。❸行動の是非は自分で考えて、自主的に判断すべきである。そして、自分が正しいと思ったならば、周囲の反対があったとしても自分が正しいと思うことを遂行しなければならない。自ら考え自ら行動するということは、自分の判断に対して責任を持たなくてはいけないということでもある。しかし、どんな職場においても、責任を放棄して良い仕事ができるとは思えない。自ら考え自ら行動することができる公務員になれるよう、力を尽くしていきたい。

❸ルールを破ることを正当化するための論拠に乏しく、独善的でマイナスな印象を読み手に抱かせる。

良い例

公務員とは「公僕」であり、そうであるからには、すべての市民のために公平に奉仕しなければならない。しかし、この「公平に」というのが非常に難しい。このあいまいな定義にしばられすぎるせいか、公務員は少し柔軟性に欠けるところがあるように思われてならない。

これからの公務員には、状況に応じた対応のできる柔軟さも必要なのではないか。ライフスタイルが多様化している現在、これまでのマニュアルどおりに、すべての人に同じように対応していたのでは、市民が望む行政サービスを提供することは難しいと思われる。公務員は、市民一人ひとりの利益を第一に優先して行動すべきだと私は考えている。個々の実情に応

序論　本論

解答例から学ぶ

レベルアップ講座

ここがポイント **適切な言葉選びで読み手の興味をひく**

適切な言葉を使用することで、読み手に不快感を与えることなく興味を抱かせる問題提起を行うことができる。

ここがポイント **長所と短所の比較・検討が大事**

物事の長所と短所は表裏一体。両者を多角的に検討することで、隠れた問題点を明らかにすることができる。

ここがポイント **言葉と文章には細心の注意を**

一見乱暴な提案であっても、適切な言葉選びと文章の組み立て方で、検討に値する意見として伝えることができる。マイナスな印象を与えない文章を心がけよう。

ここで差がつく **構成を見直してみよう**

じて、臨機応変に対応できる公務員が求められているのではないだろうか。

したがって、私は、自ら考え自ら行動することのできる人間こそが、市民に求められている「公務員像」なのではないかと考える。公的な機関にはいろいろな決まりごとや制約があり、それはもちろん、公の利益やシステムの円滑な運用を考えれば必要不可欠なことではあるが、それをひたすら遵守するばかりでは、個々の実情に沿わないことも出てくる。行動の是非は自分で考えて、自主的に判断すべきである。そして「決まりだから」という理由で市民の不利益になるようなことが生じた場合、柔軟に対応することが公僕としての本来のあり方なのではないか。自ら考え自ら行動するということは、自分の判断に対して責任を持たなくてはいけないということでもある。しかし、どんな職場においても、責任を放棄して良い仕事ができるとは思えない。自ら考え自ら行動することができる公務員になれるよう、力を尽くしていきたい。

結論

序論　**イメージ像との矛盾を指摘**
↓公平性に関して現場対応の難しさを提示。
本論　**状況に応じた柔軟性が必要**
↓マニュアルどおりであると、市民が望む行政サービスの提供は難しい。
結論　**自ら考え自ら行動する**
↓自分の判断に対して責任を持たなくてはいけない。

応用　**例題で練習しよう**

「介護保険と公共サービス」／「少子高齢化時代の公務員のあり方」／「公共サービスと税金」

STEP 3

テーマ「あなたが職員として採用されたらどんなことに取り組みたいと思いますか」

悪い例

現在の日本では高齢化が深刻な問題となっている。❶人口に対する高齢者の割合はここ数十年でどんどん増加し、現在ではついに超高齢社会へと突入してしまった。二〇〇〇年から施行された介護保険制度や、二〇〇八年に発足した後期高齢者医療制度など、高齢者を対象とした福祉や医療の制度は整いつつあるが、国が考案したこれらの制度を、県の高齢者に有効活用してもらえるかどうかというのは、地方自治体の取り組み方にかかっているのではないかと私は考えている。

すでに、わが県においても、高齢者やその家族が医療制度について相談できる窓口を設けている。しかし、家族と同居している高齢者はそれほど

評価

構成	用法・語法	個性
B	B	C

文章の構成は悪くないが、肝心のテーマに関する部分が曖昧すぎるため、主張に説得力がない。具体例やデータを加えるなどして、ディテールの補強を心がけよう。

❶ 数値などを交えて、具体的に述べることが重要。

❷ できるだけ具体的な事例を盛り込んで、知識をアピールすることを心がける。

❸ 公務員として、どんな態度で県民に接することが必要なのかを、もう少し踏み込

でもないかもしれないが、高齢者同士の夫婦のみの生活の場合、これらの制度について十分に理解し、活用することは難しいのではないだろうか。特に後期高齢者医療制度については、介護が必要だと認定された場合、対象となる高齢者は一割負担のみで、❷福祉施設や自宅でのサービスを受けることが可能となる。この制度を理解し、活用している人も増えつつあるが、まだ仕組みを十分に理解していない、もしくはそういう制度があることは知っているが、利用することに抵抗があるという人も少なくないという。

いくら制度を整えても、それを利用してもらえなければ意味がない。利用してもらうためには、❸県の職員が自らすすんで努力していくことが大切だと私は考える。だれしも、信頼している人からの説明ならば耳を貸すだろうし、真剣に検討しようとするだろう。高齢者のためになる制度をわかりやすく伝え、県政に対する不安や疑問を解決すべく相談にのってあげられるような、そんな職員を目指し、県の高齢化に取り組んでいきたい。

んで述べるべきである。

良い例

現在の日本では高齢化が深刻な問題となっている。二〇〇七年には、人口に対する高齢者の割合が二十一パーセント以上となり、ついに超高齢社会へと突入してしまった。二〇〇〇年から施行された介護保険制度や、二〇〇八年に発足した後期高齢者医療制度など、高齢者を対象とした制度は整いつつあるが、これらの制度を県の高齢者に有効活用してもらえるかどうかは、地方自治体の取り組み方にかかっていると私は考えている。

すでに、わが県においても、高齢者やその家族が医療制度について相談できる窓口を設けている。しかし、家族と同居している高齢者はそれほどでもないかもしれないが、高齢者同士の夫婦のみの生活の場合、これらの

序論

解答例から学ぶ

レベルアップ講座

ここがポイント　問題点を明確に伝えて主張の信頼性を高める

具体的な例や数値を上げることで現状をリアルに伝えることができ、主張の信頼性や知識をアピールできる。

ここがポイント　知識のアピールが好印象につながる

詳細な事例を盛り込むことで、「勉強不足」「考えが浅い」といったイメージを持たれることなく、問題について真剣に考えている印象を与えることができる。

ここがポイント　ちょっとした気配りが読み手の印象を変える

具体的な考えを盛り込むことが、真剣さのアピールにつながる。読み手の印象が大きく変わる部分なので、十分に気を配りたい。

ここで差がつく　構成を見直してみよう

制度について十分に理解し、活用することは難しいのではないだろうか。特に後期高齢者医療制度については、介護が必要だと認定された場合、対象となる高齢者は一割負担のみで、福祉施設においての入浴や食事、自宅への訪問看護などのサービスを受けることが可能となる。この制度を理解し、手続きを経て活用している人も増えつつあるが、まだ仕組みを十分に理解していない、もしくはそういう制度があることは知っているが、利用することに抵抗があるという人たちも少なくないという。

本論

いくら制度を整えても、利用してもらえなければ意味がない。そのためには県の職員が、普段から高齢者やその家族と信頼関係を築くことが大切だと私は考える。だれしも、信頼している人からの説明ならば耳を貸すだろうし、真剣に検討しようとするだろう。高齢者のためになる制度をわかりやすく伝え、県政に対する不安や疑問を解決すべく相談にのってあげられる職員を目指し、県の高齢化に取り組んでいきたいと思う。

結論

序論　**社会問題を公務員としてどう捉えるか**
↓高齢者に向けた制度を有効活用する。

本論　**制度の理解や活用が難しい**
↓仕組みを十分理解していない、利用に抵抗がある人が少なくない。

結論　**高齢者との信頼関係**
↓県政に対する不安や疑問を解決するよう相談にのれる職員を目指す。

応用　**例題で練習しよう**

「後期高齢者医療制度の問題点」／「少子化対策と公共サービス」／「外国人との共生社会における役所の役割」

テーマ「あなたが考える『県民のための行政』とは」

悪い例

近年、日本では少子化が急激に進行している。❶少子化とは子どもの数が少なくなることであり、日本社会は子どもが少ない社会であるということである。先進国の中でも最低水準となっている。特にここ数年はコロナの影響もあり、人口維持に必要な値には程遠い。国も少子化問題を解決するためにさまざまな対策を講じているが、抜本的な解決には至っていない。

少子化にはさまざまな要因があるが、その一つとして考えられるのは、❷子どもを産みたいと思う人が減っているということである。これは、子どもが産みにくい、育てにくい社会になってきているということを意味する。

まずは、子どもを欲しいと思っている人が産める県にするための取り組

評価

構成	用法・語法	個性
B	C	C

テーマについての具体的な数値等の例示に乏しく、問題に対して前向きに考えて取り組んでいる印象が伝わってこない。知識不足や考えが浅い印象を与えてしまうので注意しよう。

❶ 言葉を分解して解説しただけでは用語の解説とはいえない。具体的な数値を示して、問題に対する理解度をアピールしよう。

❷ 具体性に欠ける文章は、説得力がなく表面だけの理解と思われる。

みを行うべきである。平成18年版の少子化社会白書によると、全国で推計約四十七万人以上の人が不妊治療を受けているという。不妊治療は、当事者にとって経済的にも負担の大きいものなので、❸不妊治療に対する補助金制度を作るべきだろう。また、不妊治療を行う公的な医療体制の整備も進んでいない。高度な治療を受けられ、❹土日祝日にも開いている、不妊専門の公的医療施設の設立が急務である。また、結婚したくてもできない人のための婚活を支援する、企業内保育所の設置や男性の育児休暇の取得を義務付ける、子どものいる世帯を税制で大幅に優遇する、といった政策も有効ではないだろうか。このような対策を地方行政が推進していくのは、決して簡単なことではないと思うが、❺県民や県の将来のことを真剣に考え、一生懸命取り組むことによって、ゆくゆくは地域の活性化につなげていくことも可能となるのではないだろうか。県民のために進めた事業が内外に認められ、県のさらなる発展につながるような県政こそが、県民のための行政であると考える。

❸ 不妊治療に対する補助金制度は既に存在する。知識不足を露呈してしまっている。

❹ 対策が多岐にわたるため、ただ羅列しているだけになっている。

❺ 「県民のための行政」について問われているので、どんなことが地域の活性化につながるのか、もう一歩踏みこんで述べるべきである。

良い例

近年、日本では少子化が急激に進行している。合計特殊出生率は、二〇二三年で一・二六であり、二〇〇五年と並んで過去最低を記録した。また、出生数は二〇二二年に七十七万七百四十七人で初めて八十万人を割り込み、過去最少を更新した。

少子化にはさまざまな要因があるが、その一つとして考えられるのは、ライフスタイルの多様化である。これによって第一に、「結婚、出産、育児」という従来型のライフステージを選択しない人が増えた。第二に、晩産化が進んだ。第一子出生時の両親の平均年齢は、この三十年間上がり続けている。大都市ほどではないにしろ、わが県においてもこの傾向はます

序論　本論

解答例から学ぶ

レベルアップ講座

ここがポイント

事例やデータの提示を常に意識しよう

言葉を分解・解説するだけでは、テーマに対する知識不足が露呈してしまう。数値を加えるなどの〝プラスアルファ〟を常に意識しよう。

ここがポイント

日ごろの情報収集が仕上がりを左右する

読み手の受け取り方を意識し、マイナスの印象を与えることを避けることが重要。そのためには、日ごろからニュース等に触れて情報収集することも大切だ。

ここがポイント

事例やデータを活用し的確に考えを主張する

テーマに対して、明確な意見をまとめることが重要。事例やデータは大切だが、羅列するだけでは効果が薄いことを理解しよう。

ます強くなると考えられる。
まずは、子どもを欲しいと思っている人が産める県にするための取り組みを行うべきである。平成18年版の少子化社会白書によると、全国で推計約四十七万人以上の人が不妊治療を受けているという。不妊治療に対する補助金制度はあるが、まだまだ当事者にとって経済的な負担は大きい。所得や治療期間の制限をなくし、公的支援を手厚くするべきだろう。また、不妊治療を行う公的な医療体制の整備も進んでいない。高度な治療を受けられ、土日祝日にも開いている、不妊専門の公的医療施設の設立が急務である。このような対策を地方行政が推進していくのは、決して簡単なことではないと思うが、県外で働いていた若者が充実した対策を求めて、故郷へ帰ってくることも十分考えられる。県内での子育てのしやすさをアピールすれば、地域の活性化にもつなげていけるのではないだろうか。県民のために進めた事業が内外に認められ、県のさらなる発展につながるような県政こそが、県民のための行政であると考える。

結論

ここで差がつく　構成を見直してみよう

序論　少子化の現状把握
↓出生率や出生数の具体的な数値を提示する。
本論　少子化の要因
↓ライフスタイルの多様化や晩産化。
結論　県内での子育てのしやすさをアピール
↓不妊治療の公的支援や医療体制の整備を進めていく。

応用　例題で練習しよう

「県民から信頼される教育行政とは」／「市の公共サービスの改善点について」／「地域再生のために市がすべき施策とは」

第6章

実践問題

- 課題1
- 課題2
- 課題3
- 課題4
- 課題5

第１章～第５章までを踏まえて、実際に小論文を書いてみましょう。本章では、第４章で示されたプロセスを導くヒントが示されています。

課題 1

「私が描く理想の街」

ブレインストーミング

理想的な街とはどのような街か？

理想的な街をつくるためには何が必要か？

理想的な街をつくるための障害となるのは何か？

理想的な街づくりのために行政は何をすべきか？

理想的な街づくりのために公務員として何をすべきか？

何を中心に書くか？

書き出しをどうするか？

どんなことを訴えるか？

文章構成をどうするか？

序論：

本論：

結論：

模範解答

理想の街が創造されることを目指して、街づくりは行われる。では、理想の街とは何か。それは、住みやすい街であると私は考える。交通網が整備されている街や娯楽施設が充実している街も、理想の街と言うことができるだろう。しかし、たとえ交通の便が良く、娯楽施設が充実していたとしても、そこに住む人が「理想の街」であると感じられなければ、理想の街とは言えないのではないだろうか。整備された道路や充実した娯楽施設を利用しているのは街の外の人間だけで、住民は騒音や環境破壊に迷惑しているとしたら、その街は理想の街どころか悪い街である。街づくりは、そこに住む人のことを第一に考えて行われるべきである。

住みやすい街を目指して、街の美化や公共財の完備、医療施設の整備といった行政サービスを行うのは、行政の仕事である。しかし、ただ行政

序論

解答例から学ぶ

レベルアップ講座

ここがポイント　ブレインストーミング

❶ 理想的な街とはどのようなまちか?
❷ 理想的な街をつくるためには何が必要か?
❸ 理想的な街をつくるための障害となるのは何か?
❹ 理想的な街づくりのために行政は何をすべきか?
❺ 理想的な街づくりのために公務員として何をすべきか?

ここで差がつく　構成を見直してみよう

何を中心に書くか?
↓住民が暮らしやすい街は何かを提示する。

書き出しをどうするか?
↓理想と思う街の定義をいくつか説明する。

どんなことを訴えるか?
↓利便性だけではなく、理想の街に対する自身の考えを明確にする。

サービスが充実しているだけでは、住みやすい街とは言えない。理想の街をつくりあげるためには、行政だけでなく、そこに住む人の努力や協力が必要である。街の美化などは特にそうだが、行政がどれだけ枠組みを整えたとしても、住民の努力や協力がなくては実現できるものではない。行政サービスの充実は理想の街づくりの基本となるものだが、その上に住民の努力と協力があって、理想の街というものは初めて実現するものであると私は考える。

また、住民たちが挨拶を交わしたり会話を交わしたりすることのないような街を、住みやすい街だと思う人などいないように、最終的に理想の街づくりにはそこに住む人たち自身の姿勢が重要となる。街づくりがそこに住む人を第一に考えて行われる代わりに、住民も街づくりのために最大限の努力と協力をすべきだと私は考える。行政が住民のことを考え、住民もまた街のことを考えて行動することができれば、実情に即した住みやすい街づくりが実現されるであろう。

本論

結論

文章構成をどうするか？

↓一般的に街に求められるものを説明して、その理由を述べたのち、自分の考えとしての結論を書く。

課題 2

「社会生活におけるルールやマナーの必要性について、考えを述べよ」

ブレインストーミング

社会生活におけるルールとは、どんなことか？

社会生活におけるマナーとは、どんなことか？

ルールやマナーがなければどうなるか？

ルールやマナーについてどう考えていくべきか？

MEMO

何を中心に書くか？

書き出しをどうするか？

どんなことを訴えるか？

文章構成をどうするか？

序論：

本論：

結論：

模範解答

先日、混みあった電車の中で化粧をしていた女性に対し、初老の男性が注意をしている場面を見かけた。女性は化粧をやめるどころか、「何をしようと個人の自由でしょ！」と言い放った。確かに、日本国憲法の第十三条には「すべて国民は、個人として尊重される」とあり、国民は個人の自由を追求する権利があると明記されている。しかし、この条文には「公共の福祉に反しない限り」という但し書きがつく。つまり、国民は個人の自由を追求する権利を持つが、同時に、社会のルールを守らなくてはならないという義務も併せ持つということになる。

　電車のような公共の場において、他者に不快感を与えるような行為は、誰に注意されなくとも、マナー違反であると認識するべきである。この女性も、おそらくわかっていながら、やめなかったに違いない。最近は電車

序論

本論

解答例から学ぶ

レベルアップ講座

ここがポイント　ブレインストーミング

❶ 社会生活におけるルールとは、どんなことか？

❷ 社会生活におけるマナーとは、どんなことか？

❸ ルールやマナーがなければどうなるか？

❹ ルールやマナーについてどう考えていくべきか？

ここで差がつく　構成を見直してみよう

何を中心に書くか？
→社会のおけるルールやマナーの意味。

書き出しをどうするか？
→具体的事例を書くことで、テーマをわかりやすくする。

どんなことを訴えるか？
→ルールやマナーは一方的に与えられるものではない。

文章構成をどうするか？
→ルールやマナーを守るために法や条例の必要性を述べる一方、個人の良心や常識

の中の化粧を迷惑行為と認め、迷惑防止条例に追加しようという自治体の動きもあるようだが、何もかも法や条例で取り締まらなくても、一人ひとりが社会生活における最低限のマナーと考え、自粛することはできないのだろうか。

だれもが自由を盾に勝手気ままに行動したのでは、社会の秩序が乱れ、社会全体がおかしなことになってしまう。しかし、何にでもルールを設けて法的に対処するのでは、「見つかりさえしなければいい」という考えを生み出す結果につながりかねない。個人の良心や常識に訴え、自分で考えて迷惑行為を思いとどまるよう、うながすことができればと思う。もちろん、個人の自由を保障するためにも、社会のルールを設けることは必要であるが、自分の行動がマナー違反か否かを判断することすらしなくなっていくような社会では、行く先が不安である。ルールやマナーそのものが、一方的に与えられるものではなく、個々の良心や常識の中から生まれてくるものであるよう、改めて検討していくことが、現在の日本の社会にとって必要なことではないかと私は考える。

結論

の重要性を述べて結論を導き出す。

ブレインストーミング

「働く」ということについてどう考えているか？

どうしてそう考えるのか？

自分が働くうえで、どのようにしたいのか？

その考えを公務員の仕事にどのように活かすのか？

何を中心に書くか？

書き出しをどうするか？

どんなことを訴えるか？

文章構成をどうするか？

序論：

本論：

結論：

模範解答

高校二年の夏休みに数日間だけ、市が主催するイベントでパンフレットを配るアルバイトをしたことがある。私にとっては、生まれて初めての「働く」という経験であったが、それはただ言われたことだけをやっていればよいというものではなかった。イベントにやってきたお客さんに、会場のことや地域の歴史について質問されたが、しどろもどろになってしまって、うまく答えることができなかった。「アルバイトに聞いても何もわからないだろう」と言われたときは、とても悔しかった。自分の知識の乏しさや、軽い気持ちでアルバイトをしていたことを痛感させられた。

社会に出て働くようになれば、アルバイトよりもさらに責任が重大になり、求められる仕事の質も非常に高くなることだろう。公務員として働くからには、県政について、そして県民について、誰に聞かれても答えられ

序論

解答例から学ぶ

レベルアップ講座

ここがポイント　ブレインストーミング

❶「働く」ということについてどう考えているか？
❷どうしてそう考えるのか？
❸自分が働くうえで、どのようにしたいのか？
❹その考えを公務員の仕事にどのように活かすのか？

ここで差がつく　構成を見直してみよう

何を中心に書くか？
→働くことは、客（県民）に対してどのような気持ちで接するのか、その重要性を考えて書く。

書き出しをどうするか？
→自分の体験談から書き出すことで説得力が増す。

どんなことを訴えるか？
→「笑顔を絶やさずに業務をこなす」といったように分かりやすい実践例をあげる。

るようでなければならない。そのためには、県が今置かれている状況について詳しく把握する必要がある。また、自分で把握するだけでなく、県民にわかりやすく説明できるよう、準備をしておくことも大切である。

賃金を得て働くということは、与えられた仕事だけを淡々とこなせばよいというものではないと、私は身をもって体験した。そこから派生して求められるであろう知識や行動をあらかじめ予測し、いつでもそれに対処できるよう、日々努力を重ねることが必要だと思う。もちろん、初めから完璧にこなせるとは思っていないが、一日一日の経験を大切にし、そこから今後の自分に求められているものを見極めていきたい。

また、公務員として県民に接するからには、県民が安心して頼れるような、そんな職員になりたい。知識や経験がどんなに豊富でも、横柄な態度で接するようでは、県民の信頼を得ることはできないだろう。忙しい時期でも笑顔を絶やさずに業務をこなす。それは、公務員だけでなく、どんな職種であっても、働くということにおいて常に心掛けておきたいことだと私は考える。

本論

結論

文章構成をどうするか？

→アルバイトとしての経験から公務員としての身構えに繋げ、これからどうすべきかを述べる。

課題 4

「今までで一番努力したことは何か。それが今の自分にどう役立っているか」

ブレインストーミング

「努力」という言葉にどのようなイメージを持っているか？

あなたは過去にどのような努力をしたか？

どのような結果が得られたか？

その経験を公務員としてどう活かすか？

何を中心に書くか？

書き出しをどうするか？

どんなことを訴えるか？

文章構成をどうするか？

序論：

本論：

結論：

模範解答

必ずしも「努力」という言葉は、ポジティブな印象ばかりあるというわけではなく、特に最近は努力を軽視する風潮があると思う。以前は私も「努力」という言葉があまり好きではなかった。いくら努力しても結果がついてくるとは限らないし、もしも思い描いていた結果が得られなかったら、その努力は全部無駄になると思っていたからである。そして、努力しているところを人に見られることと、そのうえで失敗することは、本当に格好悪くて恥ずかしいことだと思っていた。最大限に頑張っても結果が得られなかったら辛いから、「本気で努力すればできた」という言い訳を残すために努力を避けていたのだ。そのことに気がついたのは、中学時代だった。

バドミントン部に所属していた私は、通常はシングルスの試合にのみ出

序論

解答例から学ぶ

レベルアップ講座

ここがポイント　**ブレインストーミング**

❶「努力」という言葉にどのようなイメージを持っているか？

❷あなたは過去にどのような努力をしたか？

❸どのような結果が得られたか？

❹その経験を公務員としてどう活かすか？

ここで差がつく　**構成を見直してみよう**

何を中心に書くか？

↓「努力」に対する考え方の変化。

書き出しをどうするか？

↓現状の考え方と違っていた過去の考えを提示することで、成長をアピールする。

どんなことを訴えるか？

↓「無駄な努力」など、存在しない。

文章構成をどうするか？

↓「努力」に対する否定的な

場していたのだが、中学最後の大会だけは、部長と組んでダブルスに参加することになった。練習熱心な部長に引っ張られ、大会前の一か月間、通常の部活以外に早朝や昼休みにも毎日練習を行った。最初は私たちだけで練習していたが、いつのまにか三年生の部員全員が参加するようになっていた。それまで公式戦で一勝もしたことがなかった私は、初勝利に向けて、人生で初めて本気で努力をしたのである。ところが、結果は惜敗だった。試合終了後、悔しくて涙が止まらなかった。気がつくと、一緒に練習を重ねてきた仲間たちも泣いていた。

しかし、がむしゃらに全力で頑張った日々は、私に多くのことを教えてくれた。試合には勝てなかったが、これ以上はないというくらい一生懸命やったので、悔いは全くなかった。今なら、努力することも、そしてその結果失敗することも、決して恥ずかしいことではないと胸を張って言うことができる。努力をすれば、たとえ望んでいた結果が得られなくても、必ず何かを得られると思う。「無駄な努力」など、存在しない。私は、公務員としての職務に対しても、常に努力を怠らないことを信念としたい。

本論

結論

考えのあとに、その理由を説明。その考えが変わったエピソードを入れたあとに、結論としての考えを述べる。

課題 5

「心に響いた一言」

ブレインストーミング

どのような言葉に心を動かされたか？

どうして心を動かされたのか？

その言葉は、あなたにどのような影響を与えたか？

その経験から得たものを、今後どのように活かしていくか？

MEMO

何を中心に書くか？

書き出しをどうするか？

どんなことを訴えるか？

文章構成をどうするか？

序論：

本論：

結論：

模範解答

序論

たった一言の言葉が、人を傷つけることもあれば、人を勇気づけることもある。「言霊《ことだま》」というように、言葉には魂がある。魂のこもった言葉は、大きな力を持っている。だからこそ、たった一言の言葉が、人の心を大きく動かすこともある。私が心を動かされたのは、中学時代のソフトボール部の顧問の先生が言った「実力以上のものは出ない」という言葉である。

本論

この言葉を聞いたのは、大事な試合を間近に控えた時期のことで、「実力以上のものは出ない」という言葉を聞いたとき、私は可能性を否定されたようで、一瞬、ひどいことを言うものだと思った。しかし、先生はこのあとに、「しかし、実力は出る」と続けた。たしかに、よほどの条件が整わない限り、本番で実力以上のものを出すことは難しい。「実力以上のものは出ない」という言葉は、身もふたもない言い方だが、真実を言い当て

解答例から学ぶ

レベルアップ講座

ここがポイント

ブレインストーミング

❶ どのような言葉に心を動かされたか？

❷ どうして心を動かされたのか？

❸ その言葉は、あなたにどのような影響を与えたか？

❹ その経験から得たものを、今後どのように活かしていくか？

ここで差がつく

構成を見直してみよう

何を中心に書くか？

→言われた言葉の意味を分析し、そこに込められた本当の意味に気づいたことで、考え方がどう変わったかを伝える。

書き出しをどうするか？

→心に響く言葉の感想から書き出し、それを導き出したエピソードに繋げ、興味を抱かせる。

ている。だが、実力以上のものが出せない一方で、平常心でいれば実力は出すことができるのである。不思議なことに、この言葉を聞いて、試合を控えてさまざまな重圧を感じていた心が軽くなるような気がした。ほとんどの場合、実力以上のものは出せないが、逆にほとんどの場合、実力は出せるのである。このことを悟って、私は大きな感動を覚えた。

この言葉を聞いてから、私は日ごろの練習を重視するようになった。実力をつけるには、日ごろの積み重ねしかないと考えたからである。私は、練習のときでも試合と同じように真剣に取り組むようにした。練習のときでも、エラーをしないように心掛けた。その結果、試合でエラーをすることはほとんどなくなった。練習でできたことは試合でもできるはずだという自信につながったからである。「実力以上のものは出ない」。だからこそ、日々努力して実力をつけるように取り組む姿勢が大切なのである。私は、公務員になっても日ごろの仕事をおろそかにすることなく、物事に真剣に向き合っていきたいと考えている。

結論

どんなことを訴えるか?

↓日々努力して実力をつけるように取り組む姿勢が大切であるということ。

文章構成をどうするか?

↓響いた言葉を聞いた背景や状況を説明し、エピソードに共感性を持たせる。その言葉から公務員に求められるアドバイスを導き出して結論にもっていく。

編集協力　田村未知、河原崎直巳（さくら編集工房）
装幀・デザイン　鈴木明子（saut）
イラスト　わたなべじゅんじ
DTP　株式会社　エヌ・オフィス
監修協力　佐々木丈裕（内定スタート面接塾塾長）

出題傾向と模範解答でよくわかる！
公務員試験のための論作文術 改訂版

編　者　つちや書店編集部
発行者　佐藤 秀
発行所　株式会社 つちや書店
〒113-0023　東京都文京区向丘1-8-13
電話　03-3816-2071　FAX 03-3816-2072
HP　http://tsuchiyashoten.co.jp
E-mail　info@tsuchiyashoten.co.jp
印刷・製本　日経印刷株式会社

落丁・乱丁は当社にてお取替え致します。

2310-1-1